WOCHENENDER

NORDSEEKÜSTE
Dithmarschen
Eiderstedt
Nordfriesland

KOMM AN DIE SEE
VON ELISABETH FRENZ

Über die Gegend, von der wir hier erzählen, lässt sich eines mit Sicherheit sagen: Hier kann der Mensch ganz bei sich sein. Am hellsten Tag und in der tiefschwärzesten Nacht.

Wir erzählen von einem Landstrich, von dem man sagt, nirgendwo sonst in Europa könne man die Naturgewalten so ungefiltert, so anrührend und ergreifend erleben. In der unendlichen Weite, die sich hier erfahren lässt, wird der Mensch ganz klein. Auf wunderbare Weise mitverkleinert werden die Sorgen und der Stress des Alltags.

Eine Wirkung, so hoch, dass man sie eher Fernreisen zuschreiben würde. Doch die von Wetter und Gezeiten geprägte Weltgegend, von der hier die Rede ist, liegt praktisch nebenan. Nur eine Autostunde von Hamburg entfernt.

Wir wollen mit diesem kleinen Buch an die deutsche Nordseeküste locken. Für ein Wochenende oder länger. Zu jeder Jahreszeit. Mit lieben Menschen oder auch allein. Zum Radfahren, Reiten, Wattwandern, Drachensteigen, Surfen, Baden und Lesen im Strandkorb. Oder einfach zum Runterkommen.

Die Idee für diesen ersten Band der Reihe „Wochenender" ist aus meiner persönlichen Begeisterung für die Nordseeküste entstanden. Ich bin Fotojournalistin und seit vielen Jahren mit meiner Familie „Nordseefahrerin". Und ich finde, es ist nun an der Zeit, diese Begeisterung zu teilen.

Auf ausgedehnten Recherche-Fahrten zwischen Dithmarschen, Eiderstedt und Nordfriesland mit der Fotografin Yvonne Schmedemann haben wir wunderbare Orte und Plätze entdeckt, die wir gern weiter empfehlen. Auf den folgenden Seiten zeigen wir eine Auswahl der schönsten Hofläden, Katen und Dorfgasthäuser, Cafés, Restaurants und Orangerien der Region und erzählen über sehenswerte Marktplätze, versteckte Flohmärkte und liebevoll geführte Buchhandlungen.

Unsere Fotos und kurzen Berichte zeigen Plätze in einem Landstrich, der alles andere als schroff und abweisend ist und der seinen Reiz aus Kontrasten bezieht: Wenn es draußen stürmt und tost, ist es in der ofenwarmen Kate ganz besonders gemütlich.

Wir wollen keinen typischen Fremdenführer machen mit einer Fülle anonymer Tipps. Vielmehr geben wir handverlesene, von persönlichen Begegnungen mit Gründern, Gastronomen und Gastgebern geprägte Empfehlungen zum Ausprobieren und Weitererzählen. Einige davon sind sicher schon bekannt, viele aber noch ein Geheimtipp. Und alle Lokale und Quartiere haben eines gemeinsam: Man kann sich da so wohlfühlen, wie es sonst vielleicht nur zu Hause geht.

In die deutsche Nordseeküste kann sich ganz bestimmt jeder verlieben. Wir freuen uns, wenn der „Wochenender" dabei hilft.

INHALT

Komm an die See · 5
Landkarte · 8

DITHMARSCHEN · 18
Landkarte · 20
Heide, Stadt · 22
Alte Gärtnerei Österreich, Orangerie · 24
Scheller Boyens Buchhandlung, Buchhandlung · 28
Gasthof Oldenwöhrden, Restaurant · 30
Büsum, Stadt · 32
Zur alten Post, Restaurant · 36
Perlebucht, Lagune · 40
Gartencafé Süderdeich, Café und Flohmarkt · 42
Haus am Watt, Pension · 44
Koog Café, Café · 48
Koog Laden, Hofladen · 50
Eidersperrwerk, Sehenswürdigkeit · 54
Aussichtspavillon am Eidersperrwerk, Imbiss · 58

EIDERSTEDT · 60
Landkarte · 62
St. Peter-Ording, Strand · 64
X-H2O, Surfschule · 72
Seekiste, Restaurant · 76
Strandbar 54° Nord, Restaurant · 78
Das Kubatzki, Hotel · 82
StrandGut Resort, Hotel · 86
Beach Motel, Hotel · 88
Mahre, Café und Restaurant · 90
Katinger Watt, Naturschutzgebiet · 92
Schankwirtschaft Wilhelm Andresen, Restaurant · 94
Leuchtturm Westerhever, Sehenswürdigkeit · 98

Hochdorfer Garten, Sehenswürdigkeit	*100*
Landcafé éclair, Café	*102*
Everschopsiel, Badestelle	*106*
Haus Peters, Museum und Kaufmannsladen	*108*
Friesische Schafskäserei, Käserei und Hofladen	*110*
Spieskommer, Restaurant und Bistro	*114*
Tönning, Stadt	*116*
Alte Werft, Café	*118*
Alte Fischereigenossenschaft/KFT, Fischhandel und Bistro	*120*
Badestelle Tönning, Grünstrand	*124*
Herrenhaus Hoyerswort, Café und Restaurant	*128*
Der Rote Haubarg, Restaurant und Museum	*130*
NORDFRIESLAND	*132*
Landkarte	*134*
Friedrichstadt, Stadt	*136*
Holländische Stube, Restaurant	*138*
Hotel Herzog Friedrich, Hotel	*142*
Treene, Fluss	*146*
Husum, Stadt	*148*
Altes Gymnasium, Hotel	*150*
MS Nordertor, Restaurantschiff	*154*
Schloss vor Husum, Sehenswürdigkeit	*156*
Antiquitäten, Antiquitätenladen und Straßenflohmarkt	*158*
Hallig-Krog, Restaurant	*160*
Harmschool, Ferienwohnung	*164*
Leuchtturmhotel Dagebüll, Hotel	*168*
Hilligenbohl, Ferienwohnung	*170*
Vitae	*176*
Impressum	*178*

LANDKARTE

DITHMARSCHEN

Wer nach Dithmarschen gelangen will, muss übers Wasser: Im Westen liegt die Nordsee, im Norden die Eider, im Süden die Elbe und im Osten die Moore. Historisch geprägt ist Dithmarschen deshalb durch den jahrhundertelangen Kampf gegen die Naturgewalten des Meeres und die stolze Tradition der ehemaligen freien Bauernrepublik. Die benachbarten Fürsten, inbesondere der holsteinische Adel und die dänischen Könige, versuchten immer wieder Dithmarschen zu unterwerfen, was sich jedoch als schwierig herausstellte. Besonders bekannt ist die siegreiche Schlacht bei Hemmingstedt am 17. Februar 1500 – darauf sind die Dithmarscher noch heute stolz.

Inzwischen ist Dithmarschen vor allem Ferienland. Und einer der deutschen Hauptproduzenten von Windenergie, Gänsen und Kohl. Letzterer gedeiht dank des kalkhaltigen Marschbodens und des milden Klimas besonders gut: Die Region ist das größte zusammenhängene Kohlanbaugebiet Europas. Rund 80 Millionen Kohlköpfe wachsen hier jährlich auf über 3.000 Hektar – und färben die Landschaft lila. In der dritten Septemberwoche jeden Jahres feiern die Einheimischen ausgiebig ihre traditionellen Kohltage. Wichtige Orte sind die Kreisstadt Heide, der Ferienort Büsum sowie die Orte Meldorf, Brunsbüttel, Burg, Marne, Wesselburen und Friedrichskoog.

DITHMARSCHEN

1   Heide | Stadt   22
     Alte Gärtnerei Österreich | Café   24
     Scheller Boyens Buchhandlung | Buchhandlung   28
2   Gasthof Oldenwöhrden | Restaurant   30
3   Büsum | Stadt   32
     Zur alten Post | Restaurant   36
     Perlebucht | Lagune   40
4   Gartencafé Süderdeich | Café und Flohmarkt   42
5   Haus am Watt | Pension   44
6   Koog Café | Café   48
     Koog Laden | Hofladen   50
7   Eidersperrwerk | Sehenswürdigkeit   54
     Aussichtspavillon am Eidersperrwerk | Imbiss   58

HEIDE
STADT

Bereits im 16. Jahrhundert kamen in Heide jeden Sonnabend die Händler zu einem Wochenmarkt zusammen – und machten die Stadt zu einem Mittelpunkt des Handels. Den Markt gibt es noch immer. Mit über 500 Jahren Geschichte ist er nicht nur einer der traditionsreichsten, sondern auch der größte Marktplatz in Deutschland: Auf knapp fünf Hektar Fläche verkaufen die Händler jeden Sonnabend bei Wind und Wetter ab sechs Uhr ihre Waren. Im Mittelpunkt stehen frische und regionale Produkte, aber auch Schönes und Nützliches für den Haushalt wie Geschirr, Garn und Knöpfe – und lebende Kleintiere wie Hühner, Gänse und Kaninchen. Nicht weit vom Marktplatz stehen die alte Sankt-Jürgen-Kirche mit einem schönen Barockaltar und der alte Wasserturm.

Heute ist Heide Kreisstadt von Dithmarschen und noch immer das wirtschaftliche und kulturelle Zentrum der Region. Und was wenige wissen: Ein Mann aus Heide hat den Comic-Strip erfunden, lange vor Disneys Mickey Mouse. Rudolph Dirks, der 1877 in Heide geboren wurde, wanderte in jungen Jahren mit seiner Familie in die USA aus und prägte dort als einer der ersten Pioniere maßgeblich die Entstehung des modernen Comics, indem er Ende des 19. Jahrhunderts Grundlagen des noch jungen Mediums etablierte. Mit „The Katzenjammer Kids" schuf er die langlebigste Comic-Serie und die ältesten bis heute aktiven Comic-Figuren der Geschichte.

25746 Heide
heide.de

ALTE GÄRTNEREI OESTERREICH
ORANGERIE

Von der Straße aus ist dieses ganz besondere Fleckchen nicht zu erahnen. Betritt man den Garten mit dem großen Glashaus, befindet man sich plötzlich inmitten einer verwilderten Märchenwelt: Schmetterlinge, Kanarienvögel und bunte Insekten flattern durch die Luft und umkreisen einen riesigen Feigenbaum. Man kann sich hier nach Garten-Accessoires umschauen oder sich im Café verwöhnen lassen. Oder man hört einfach den Vögeln beim Zwitschern zu und bestaunt die vielen tollen Pflanzenraritäten.

Tivolistraße 22, 25746 Heide
0481 67537
garten-oesterreich.de

SCHELLER BOYENS BUCHHANDLUNG
BUCHHANDLUNG

Friedrichstraße 4, 25746 Heide
0481 72303
scheller-buch.buchhandlung.de

Wer die Urlaubslektüre zu Hause vergessen hat, findet hier für alles guten Ersatz. Sowohl in Heide als auch in der Filiale in Büsum wird man bestens beraten: Die Mitarbeiter scheinen das ganze Sortiment selbst gelesen zu haben und bieten für jeden Gast exakt die richtige Empfehlung. Wer lieber still stöbern möchte, findet in den Regalen Kärtchen, auf denen kurz und mit der Hand geschrieben die Rezensionen der Mitarbeiter stehen. Und natürlich gibt es allerlei Schönes wie Geschenkpapierbögen oder hübschen Nippes.

GASTHOF OLDENWÖHRDEN
RESTAURANT

Im „Gasthof Oldenwöhrden" wird der Kaffee noch von Hand gebrüht. Und die Musik kommt aus der Jukebox. Kurz: Hier gibt es kein Chichi. Stattdessen gemütlich-rustikale Atmosphäre und frische, regionale Gerichte vom historischen Kohleherd, darunter original Dithmarscher Gerichte wie Mehlbüddel, Kohlpudding und Bohnen und Speck. Drinnen sitzt man auf samtbezogenen Stühlen und Sofas, draußen unter einem wunderschönen Walnussbaum.

Große Straße 17, 25797 Wöhrden
04839 95310
oldenwoehrden.de

BÜSUM
STADT

Büsum war einmal eine Insel mit mehreren Dörfern. Im 14. Jahrhundert aber ging sie größtenteils unter, ihre Reste wurden später ans Festland angedeicht. Aus den verschiedenen Dörfern wurde eins. Heute ist Büsum der drittgrößte Urlaubsort an der schleswig-holsteinischen Nordseeküste und noch immer stark von der Fischerei beeinflusst. Büsumer Krabben beispielsweise sind eine weithin bekannte Spezialität. Der Hafen, in dem sich die bunten Krabbenkutter reihen, prägt das Ortsbild. Im Hintergrund thront der knapp 22 Meter hohe Leuchtturm.

25761 Büsum
buesum.de

ZUR ALTEN POST
RESTAURANT

„Zur alten Post" ist eines der ältesten Gast- und Wirtshäuser an der deutschen Nordseeküste. Seine Geschichte reicht bis ins Jahr 1889 zurück. Serviert werden vor allem hervorragende Fischgerichte und Krabbenspezialitäten, aber auch regionales Fleisch und Gemüse. Das familiengeführte Restaurant ist an der Küste zu Hause, und das spürt man. Von der Speisekarte bis zur Wandvertäfelung. Echt nordisch ohne viel Schnickschnack. Dafür umso gemütlicher und köstlich.

Hafenstraße 2, 25761 Büsum
04834 95100
zur-alten-post-buesum.de

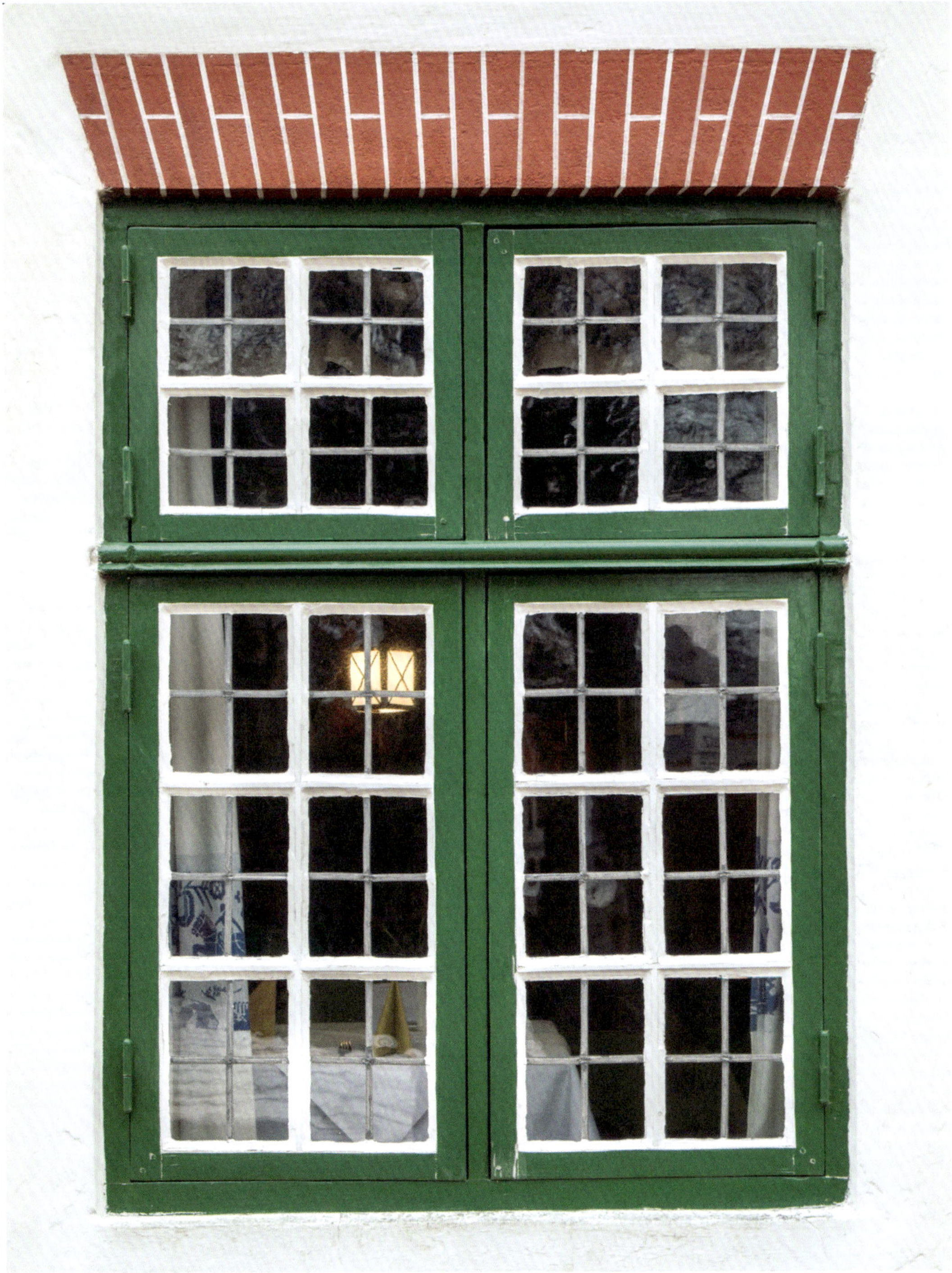

PERLEBUCHT
LAGUNE

Die Perlebucht verdankt ihren Namen dem kleinen Frachtsegler „Perle", der im September 1896 in der Bucht strandete. Schon 1970 entsteht an dieser Stelle ein künstlicher Sandstrand mit zwei tideunabhängigen Innenbecken, 2012 wird er zu einem riesigen Bade- und Freizeitareal für Familien umgearbeitet. Seither gibt es eine Dünenlandschaft mit großen naturbelassenen Gebieten, ein Bade- und ein Wassersportbecken zum Surfen und Kiten, mehrere Volleyball- und Beach-Soccer-Felder, Spielgeräte und Hängematten sowie Gastronomie und Grillflächen. Für alle, die nicht ganz abschalten wollen: Am gesamten Büsumer Badestrand ist auf über zweieinhalb Kilometer Länge WLAN verfügbar.

Nordseestraße 79, 25761 Büsum
04834 9090
buesum.de

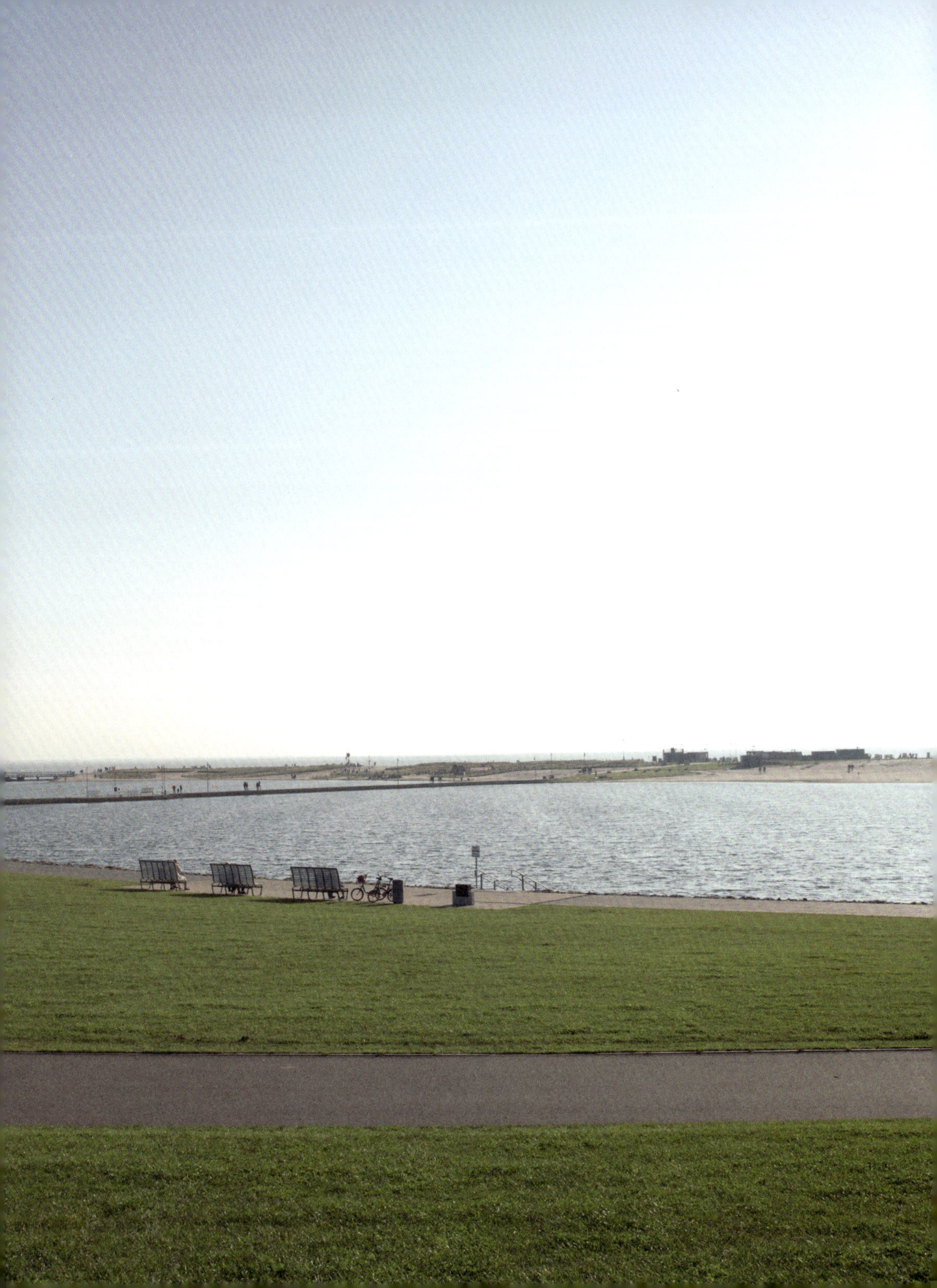

GARTENCAFÉ SÜDERDEICH
CAFÉ & FLOHMARKT

Wer ins Gartencafé kommt, findet sich plötzlich in einem lieblichen Pastell-Traum wieder – ganz egal, ob er im Garten, in der Stube oder im umgebauten Wohnwagen Platz nimmt. Jahrelang hat Inhaberin Frauke Köster Antiquitäten für ihre Kaffeestube gesammelt, und über ihre leckeren Torten wurde sogar schon im Fernsehen berichtet. Die antiken Schätze, die sie nicht mehr in der alten Stube unterbringen kann, verkauft Frauke auf ihrem kleinen Flohmarkt hinter dem Haus.

Hauptstraße 34/36, 25764 Süderdeich
04833 425999
gartencafe.info

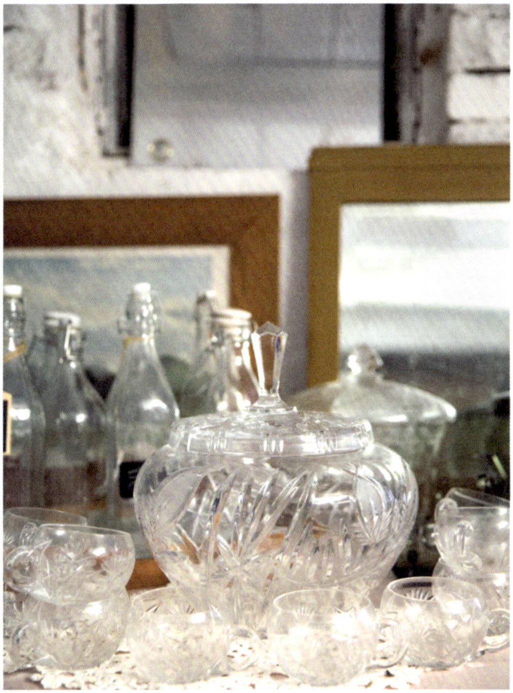

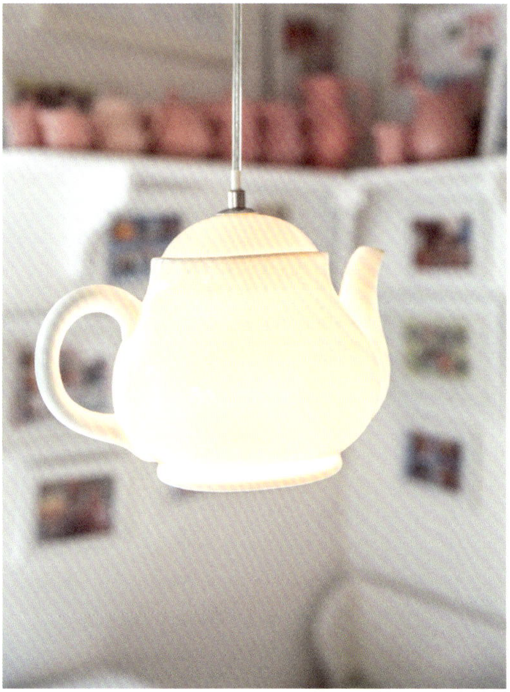

HAUS AM WATT
PENSION

Hinter dem Nordseedeich, inmitten von wilden Wiesen, Feldern und Obstbäumen, steht das reetgedeckte „Haus am Watt". Pferde und frei laufende Hühner grasen an einem großen Teich, hier findet jeder seine Ruhe. Es gibt viele einsame, lauschige Plätzchen und man kann genussvoll durchatmen. Auch im wortwörtlichen Sinne: Das zertifizierte Bio-Hotel bietet neben großzügig geschnittenen Zimmern und vegetarischem Essen in der großen Diele auch Yoga- und Meditationskurse im umgebauten Pferdestall oder im Freien an.

Heringsander Straße 4, 25764 Heringsand
04833 424274
hausamwatt.de

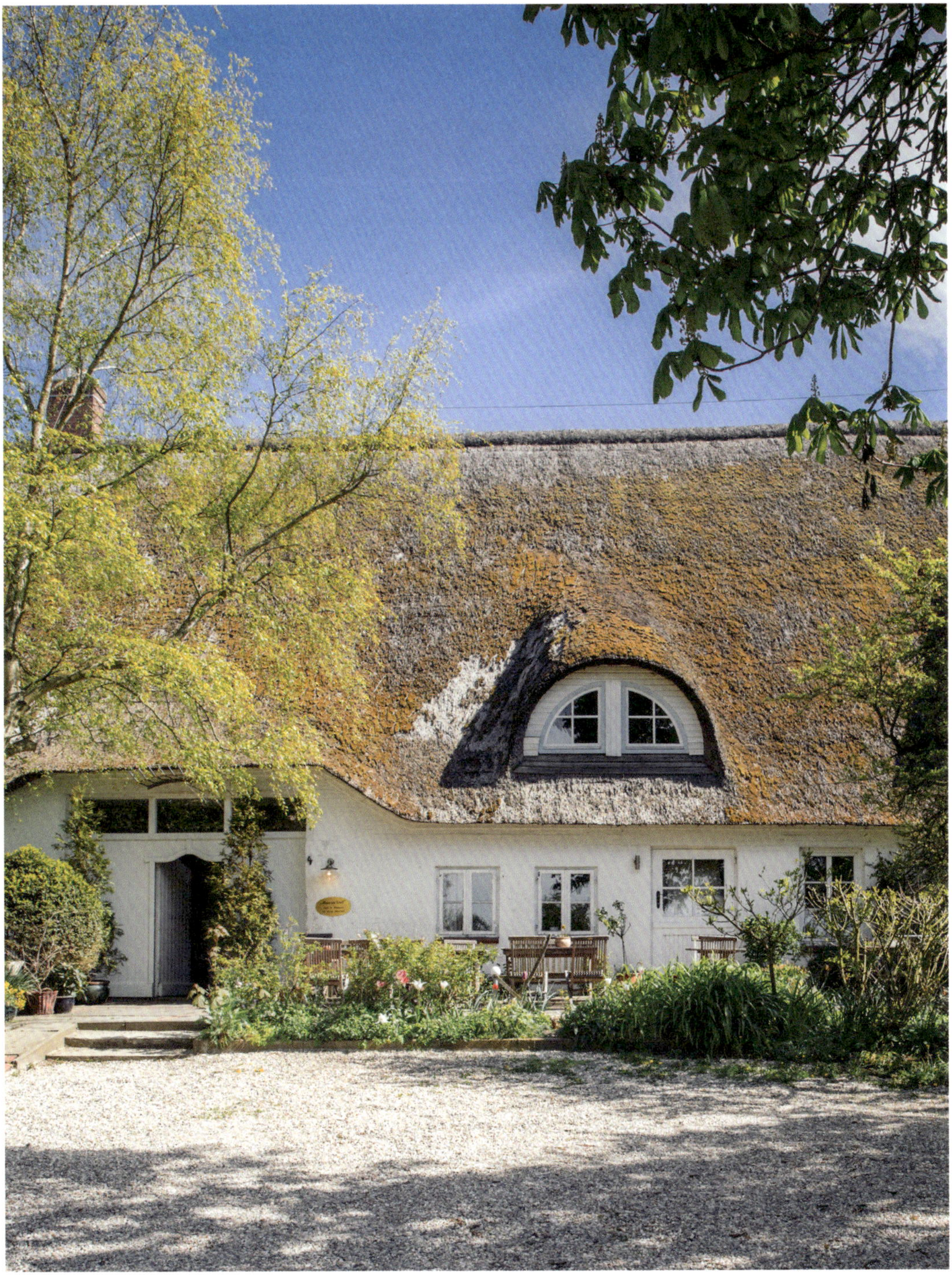

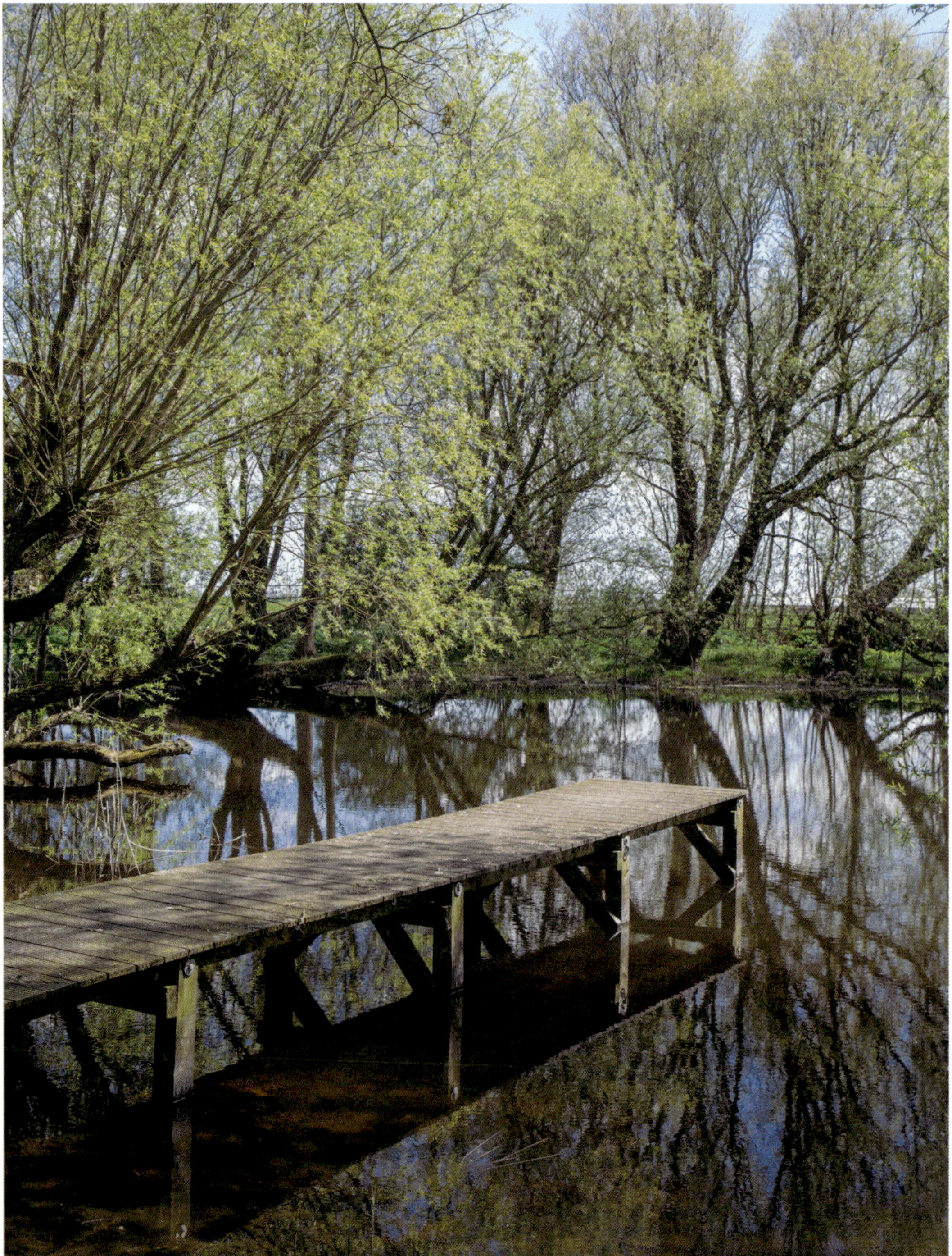

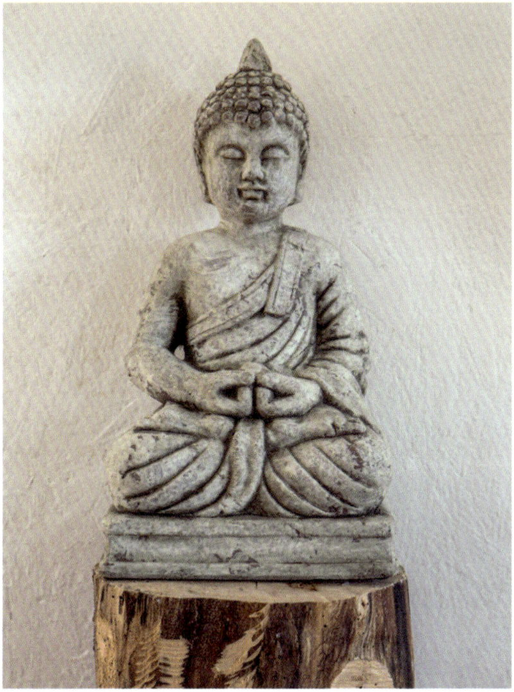

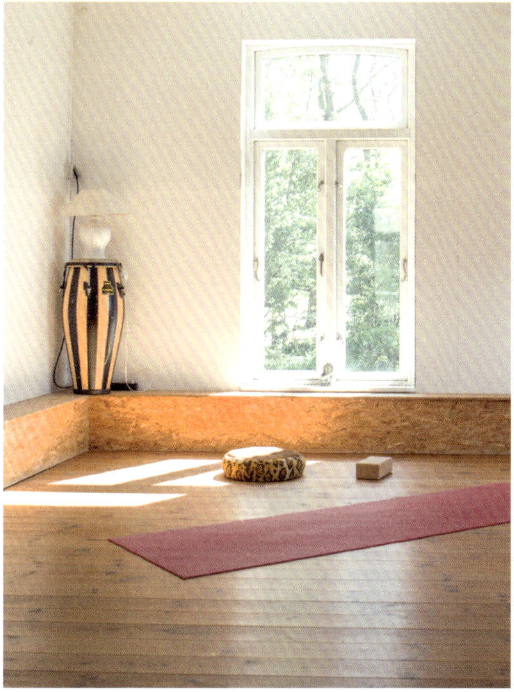

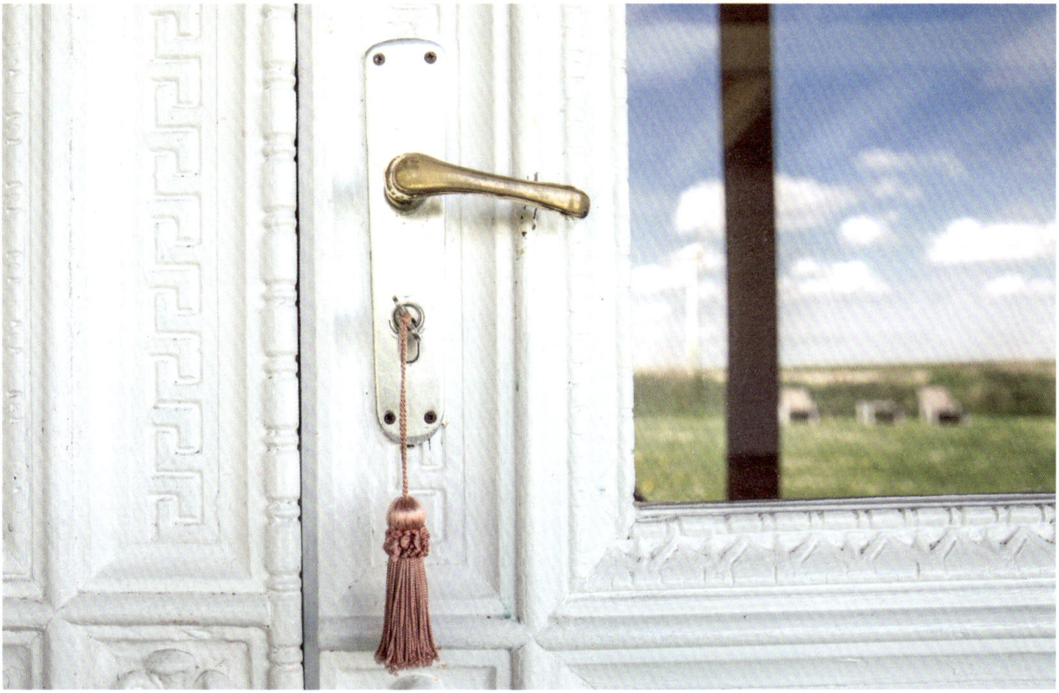

KOOG CAFÉ
CAFÉ

Das „Koog Café" ist eine ehemalige Schmiede, wo noch vor 50 Jahren die Pferde der benachbarten Bauernhöfe beschlagen wurden. Inzwischen genießt man in dem liebevoll eingerichteten Interieur Kaffee, Kuchen und jede Menge köstlicher Torten. Schleckermäuler werden hier sehr glücklich. Alle anderen werden mit hausgemachten Suppen verwöhnt, dazu herzhaftes Landbrot – und werden ebenfalls glücklich. Wahlweise mit Blick auf die Marschlandschaft oder die knisternden Flammen im Kamin. Übrigens: Kenner bestellen den selbst gemachten Holundersirup oder den berühmten Koog-Kaffee.

Dammstraße 20, 25764 Wesselburenerkoog
04833 425885
koog-cafe.de

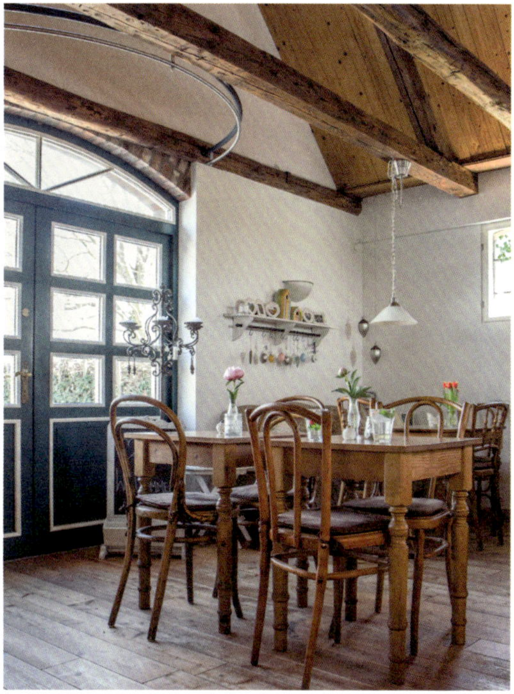

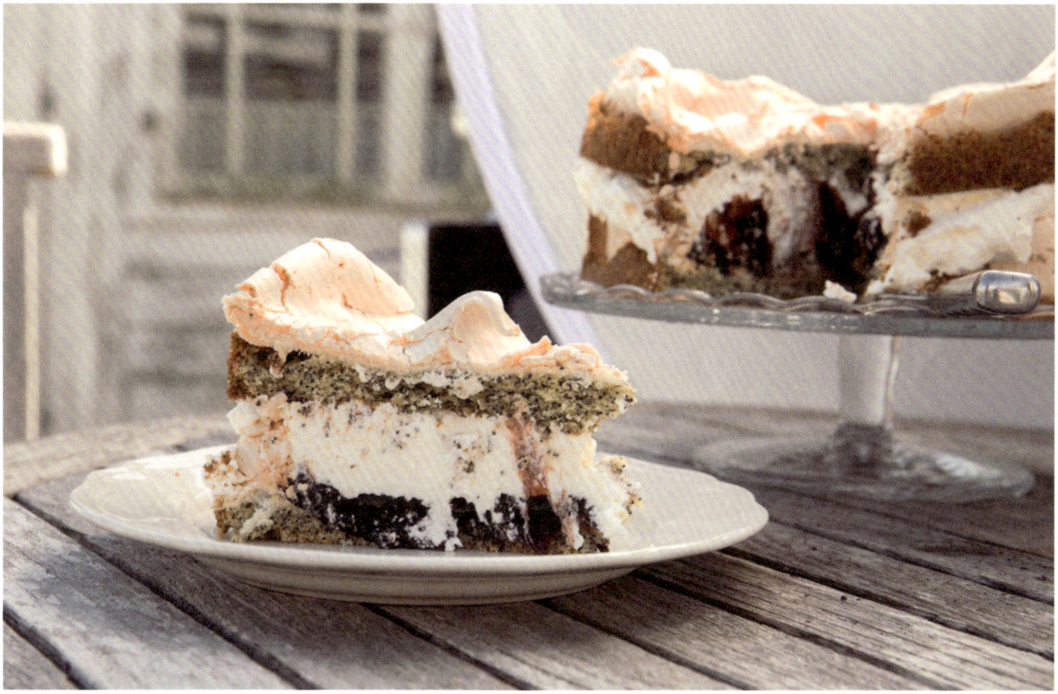

KOOG LADEN
HOFLADEN

Bunte Kisten voller Obst, Gemüse, Marmeladen und Blumen – auf dem Weg nach St. Peter Ording findet man im „Koog Laden" regionale Leckereien für ein Strandpicknick oder auch den Wochenvorrat an Vitaminen. Außerdem: richtig schöne Mitbringsel für Familie und Freunde wie Geschirr aus Emaille, Geschirrtücher aus Leinen oder Schneidebretter aus Holz. Selbstverständlich alles im zurückhaltenden, norddeutschen Look.

Dammstraße 20, 25764 Wesselburenerkoog
04833 425885
koog-cafe.de

Deutsche Flaschentomate
Hkl I. 6.90 kg
Deutsche Cocktailtomate
Hkl I. 6.90 kg
Deutsche Safaritomate
Hkl I. 6,90 kg
Deutsche Dattelinotomate
Hkl I. 6.90 kg
Deutsche Gelbe Tomaten
Mediterrane Genussmomente
NATURATA

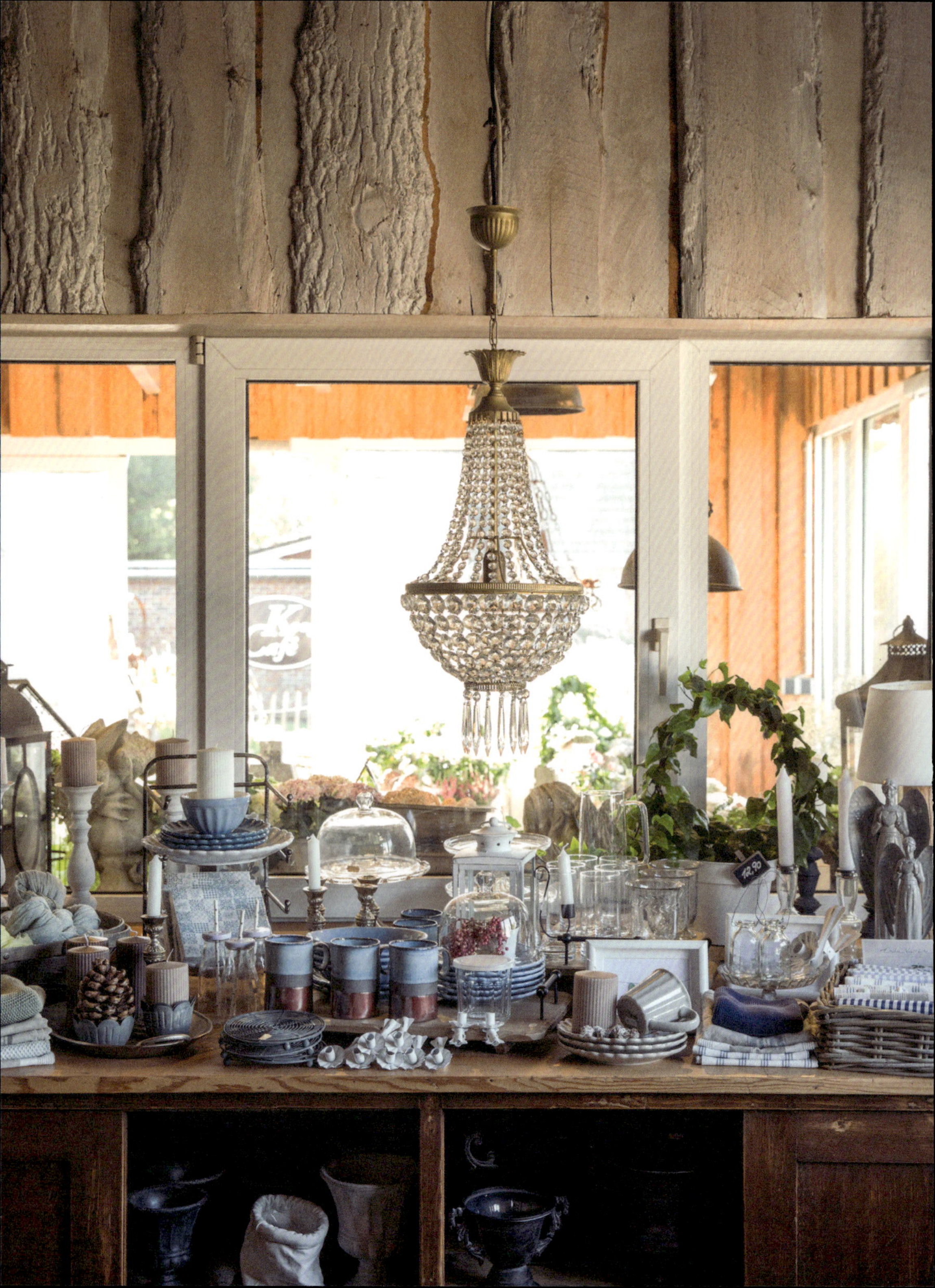

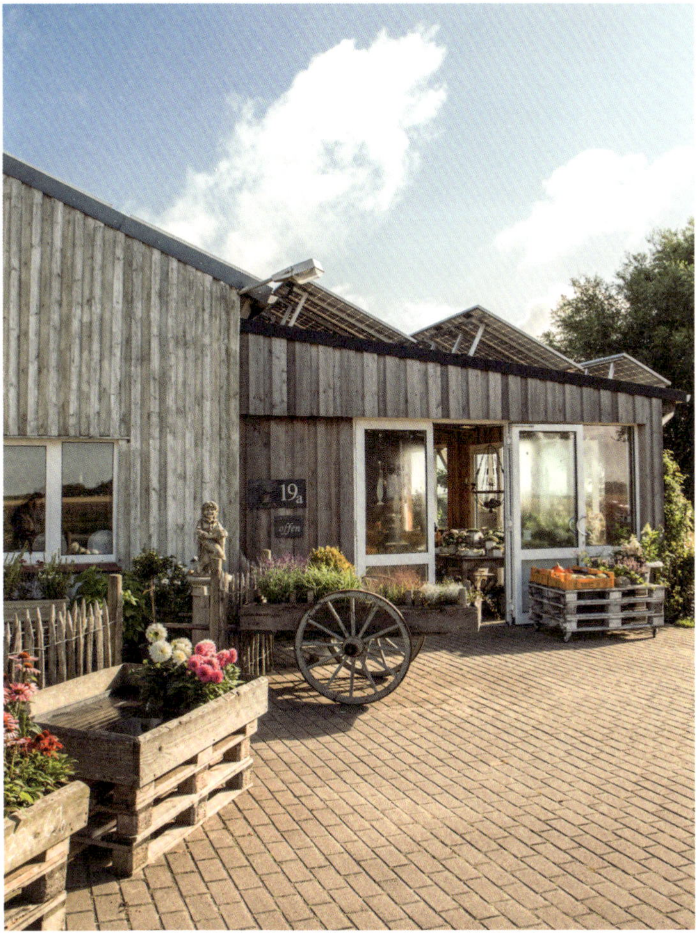
19a
offen

EIDERSPERRWERK
SEHENSWÜRDIGKEIT

Das Eidersperrwerk befindet sich an der Mündung der Eider in die Nordsee und ist einer der größten Küstenschutzbauten Europas. Es wurde nach der verheerenden Sturmflut von 1962 gebaut und sorgt mit seinen fünf riesigen Doppelhubtoren für einen geregelten Wasserdurchlauf. Im Inneren des Sperrwerks verläuft die Verbindungsstraße zwischen Dithmarschen und Eiderstedt, über dem Tunnel ein Fußgängerweg, der einen Panoramablick auf die Westküste und den Fluss bietet. Informationen und Geschichte zum Bauwerk gibt es am Aussichtspavillon oder auf einer der Führungen des Wasser- und Schifffahrtsamts Tönning.

Eidersperrwerk, 25764 Wesselburenerkoog
04861 61420
nordseebucht.de

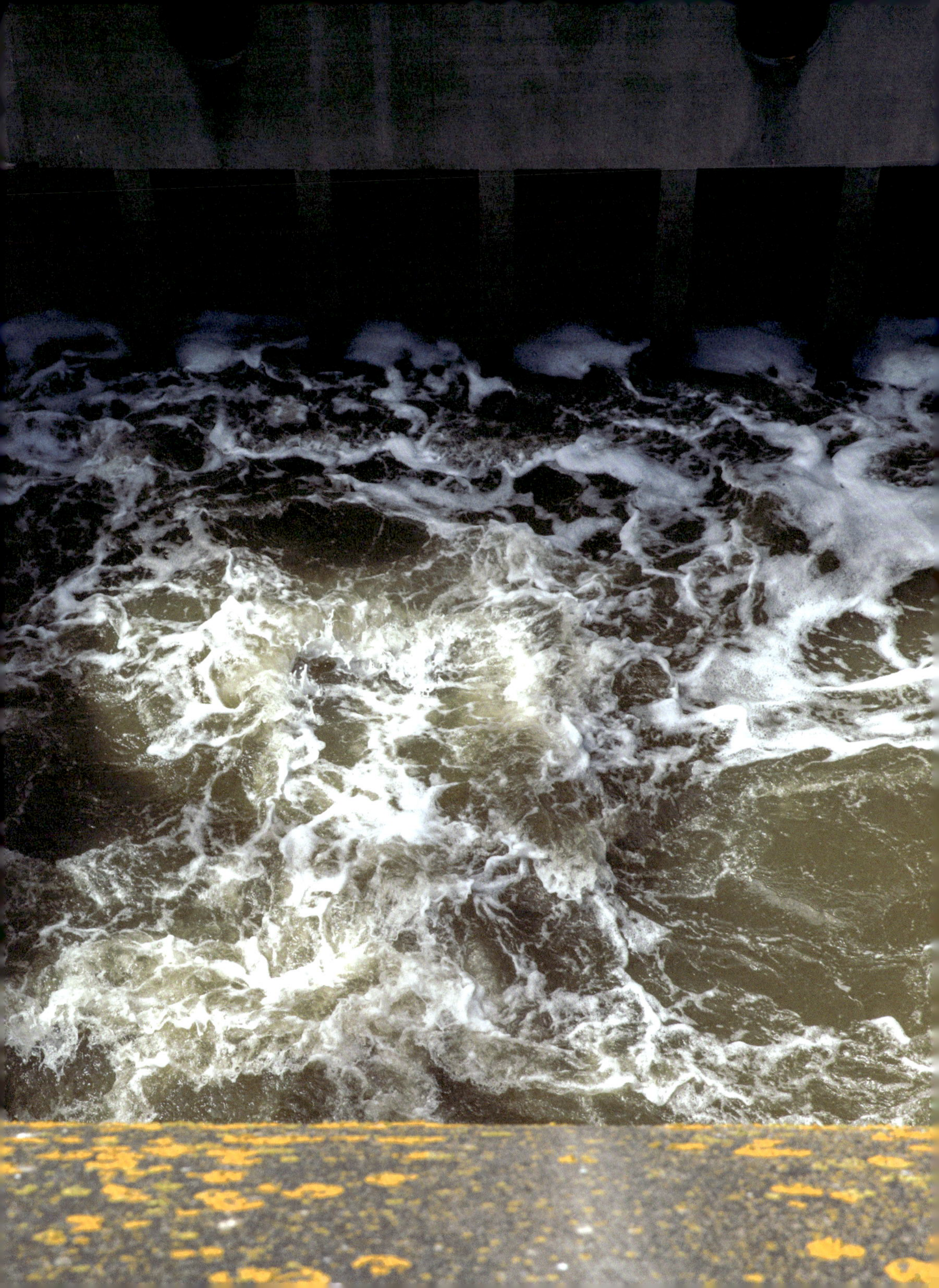

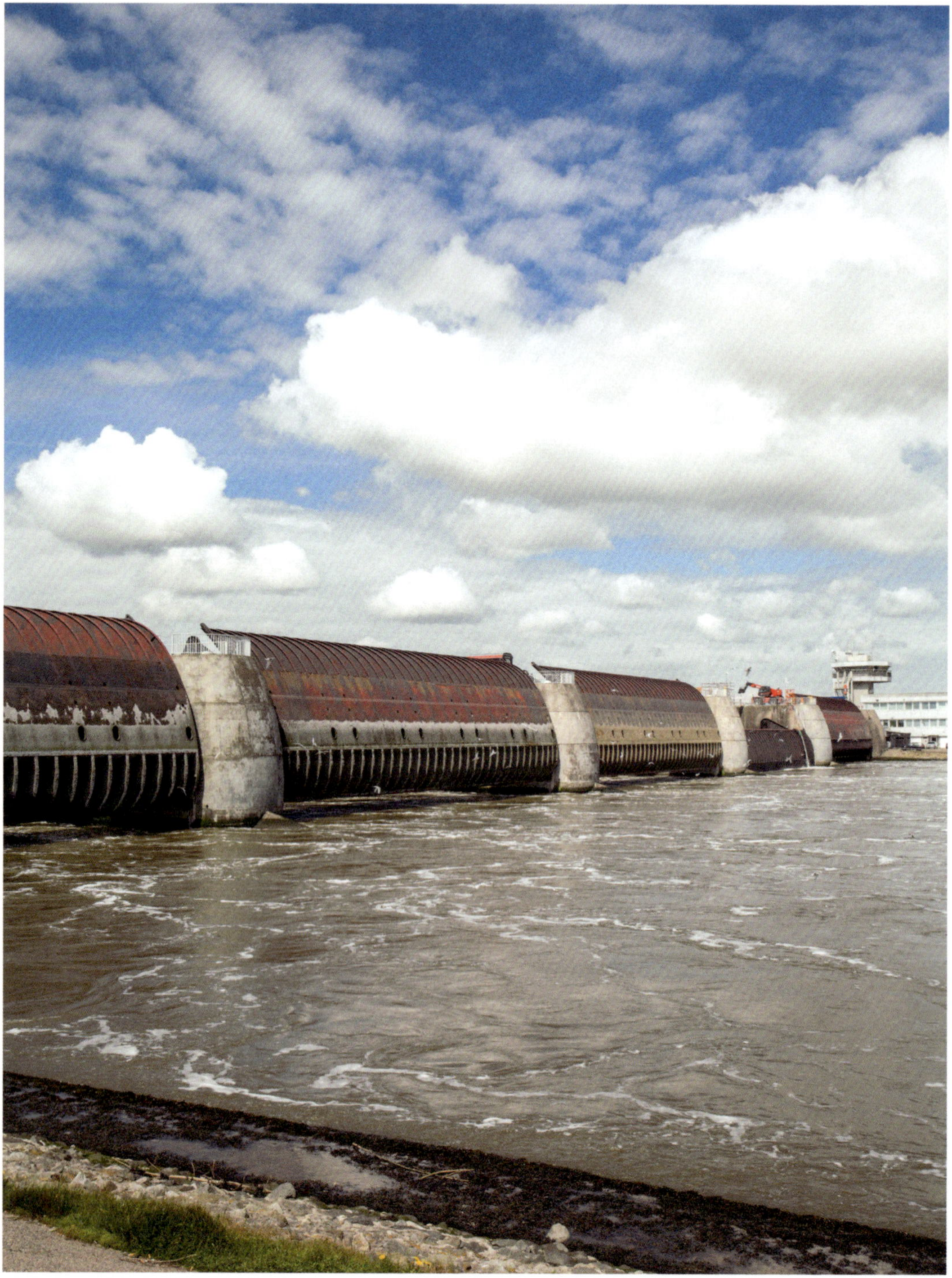

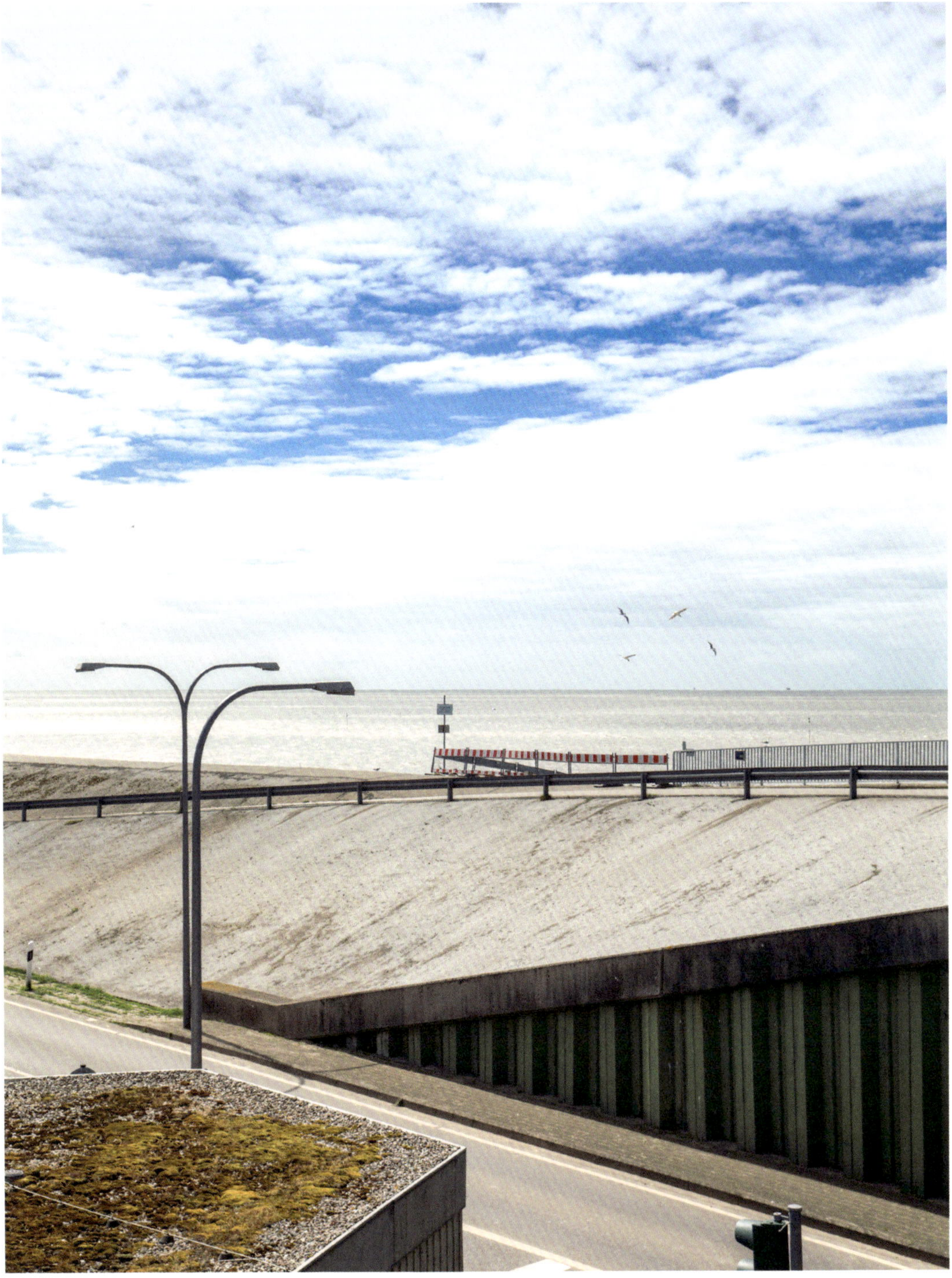

AUSSICHTSPAVILLON AM EIDERSPERRWERK
IMBISS

Parkplatz Südseite,
25764 Wesselburenerkoog
04833 2587
rohr-eidersperrwerk.de

Fisch verliebt! So beschreibt sich die Familie Rohr, die ihren Imbiss am Eidersperrwerk seit über 40 Jahren betreibt. Auf der großen Speisekarte finden Gleichgesinnte alles, was das Herz begehrt: Aal, Scholle, Seelachs, Kabeljau, Matjes, Rotbarsch, Krabben – um nur einige zu nennen. Für alle Eiligen gibt es eine riesige Auswahl an Fischbrötchen auf die Hand. Der Imbiss ist für viele Stammgäste oft die erste Station auf dem Weg an die Nordsee. Neue Gäste genießen – wie der Name schon sagt – die beste Aussicht aufs Eidersperrwerk.

EIDERSTEDT

Die Uhren auf Eiderstedt – so scheint es – ticken langsamer. Diesen Takt gibt die Natur vor: Sandbänke, Dünen, Salzwiesen und unendlich weite, grüne Köge, auf denen gemütlich die Schafe grasen. So hat sich die Halbinsel zu einem wichtigen Lebensraum für zahlreiche Vogel- und Pflanzenarten entwickelt. Viele Vögel lassen sich hier zur Brutzeit nieder und rasten im Herbst auf ihrem Weg in den Süden. Jahr für Jahr finden sich etwa in Westerhever Tausende Wildgänse in riesigen Schwärmen zusammen, um gemeinsam ins Warme zu fliegen.

Entstanden ist Eiderstedt aus den drei Inseln Utholm, Evershop und Eiderstedt, die ab dem Jahr 1000 durch Eindeichungen zusammenwuchsen. Im Mittelalter wurde die Region deshalb noch als Dreilande bezeichnet. Landschaftlich hebt sich Eiderstedt mit 157 Hektar Küstendünen in einigen Gebieten deutlich von der Marschlandschaft der übrigen Westküste ab. Charakteristisch sind die Haubargen, die für die Region typischen Bauernhäuser, die die Holländer ab dem 15. Jahrhundert an der Küste errichtet haben, sowie zahlreiche historische Kirchen, die teilweise wertvolle Kunstschätze bergen. Wichtige Orte sind Tönning, St. Peter-Ording und Garding.

EIDERSTEDT

1 St. Peter-Ording | Strand 64
2 X-H20 | Surfschule 72
3 Die Seekiste | Restaurant 76
4 Strandbar 54° Nord | Restaurant 78
5 Das Kubatzki | Hotel 82
6 Strandgut Resort | Hotel 86
7 Beach Motel | Hotel 88
8 Mahre | Café und Restaurant 90
9 Katinger Watt | Naturschutzgebiet 92
10 Schankwirtschaft Wilhelm Andresen | Restaurant 94
11 Leuchtturm Westerhever | Sehenswürdigkeit 98
12 Hochdorfer Garten | Sehenswürdigkeit 100
13 Landcafé éclair | Café 102
14 Everschopsiel | Badestelle 106

15 Haus Peters | Museum und Kaufmannsladen 108
16 Friesische Schafskäserei | Käserei und Hofladen 110
17 Spieskommer | Restaurant und Bistro 114
18 Tönning | Stadt 116
    Alte Werft | Café 118
    Alte Fischereigenossenschaft/KFT | Fischhandel und Bistro 120
    Badestelle Tönning | Grünstrand 124
19 Herrenhaus Hoyerswort | Café und Restaurant 128
20 Der Rote Haubarg | Restaurant und Museum 130

TÖNNING

ST. PETER-ORDING
STRAND

Kaum ein Strand der Nordsee ist so bekannt und beliebt wie der in St. Peter-Ording. Zwölf Kilometer lang und bis zu zwei Kilometer breit bietet er für alle etwas: Man kann stundenlang spazieren gehen, kitesurfen, windsurfen, strandsegeln oder Beachvolleyball spielen, FKK baden und reiten. Außerdem ist es möglich, auf dem Strand zu parken und mit dem Rollstuhl bis dicht ans Wasser zu fahren. Im Sommer ist es in Ording proppenvoll und trubelig, aber in Böhl und am Südstrand findet sich immer ein ruhiges und idyllisches Plätzchen. Die Nordsee ist auf weite Strecken sehr flach und deswegen vor allem für Kinder und Nichtschwimmer geeignet.

Strandparken Ording, 25826 St. Peter-Ording
st-peter-ording.de

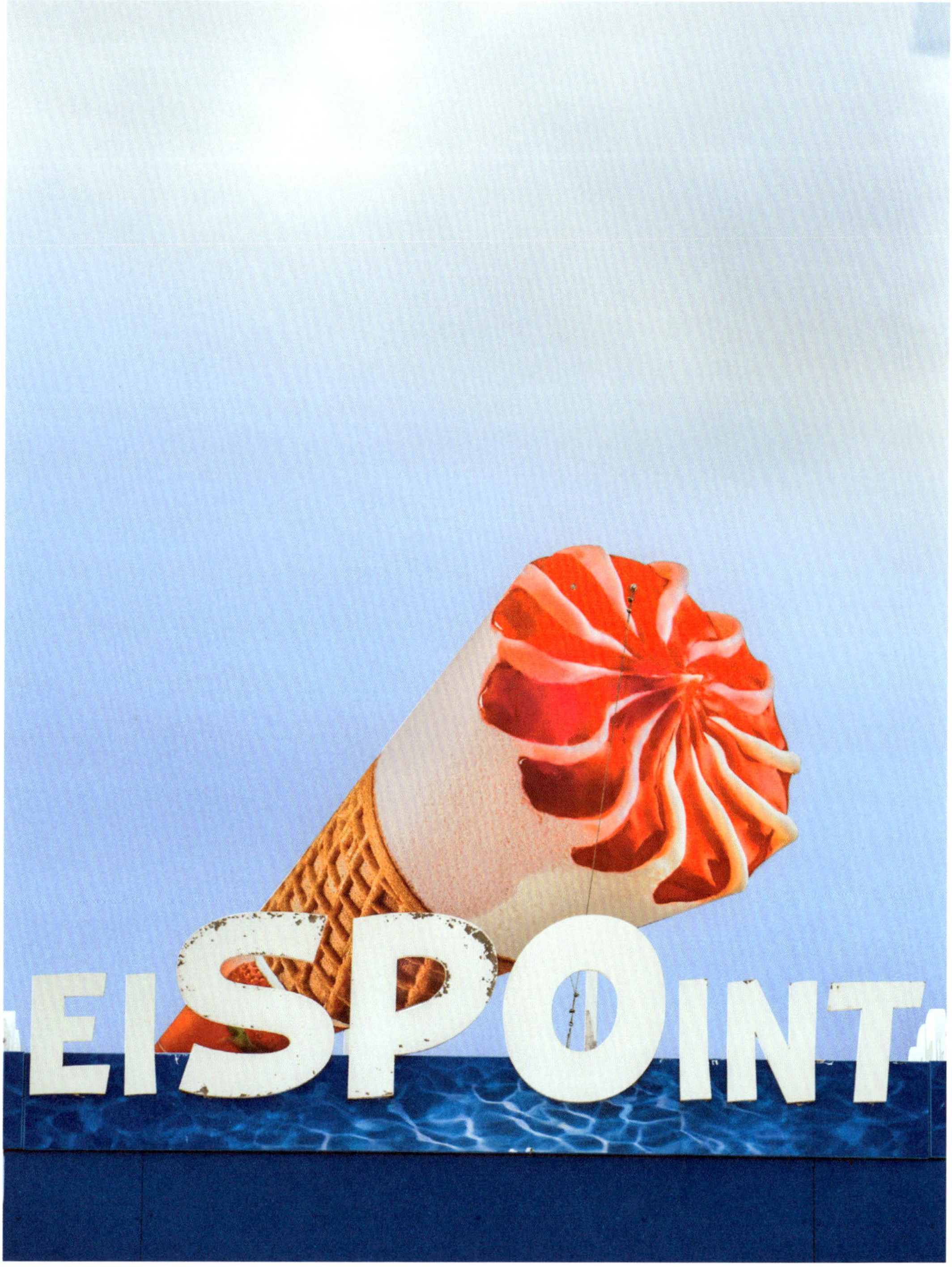
EISPOINT

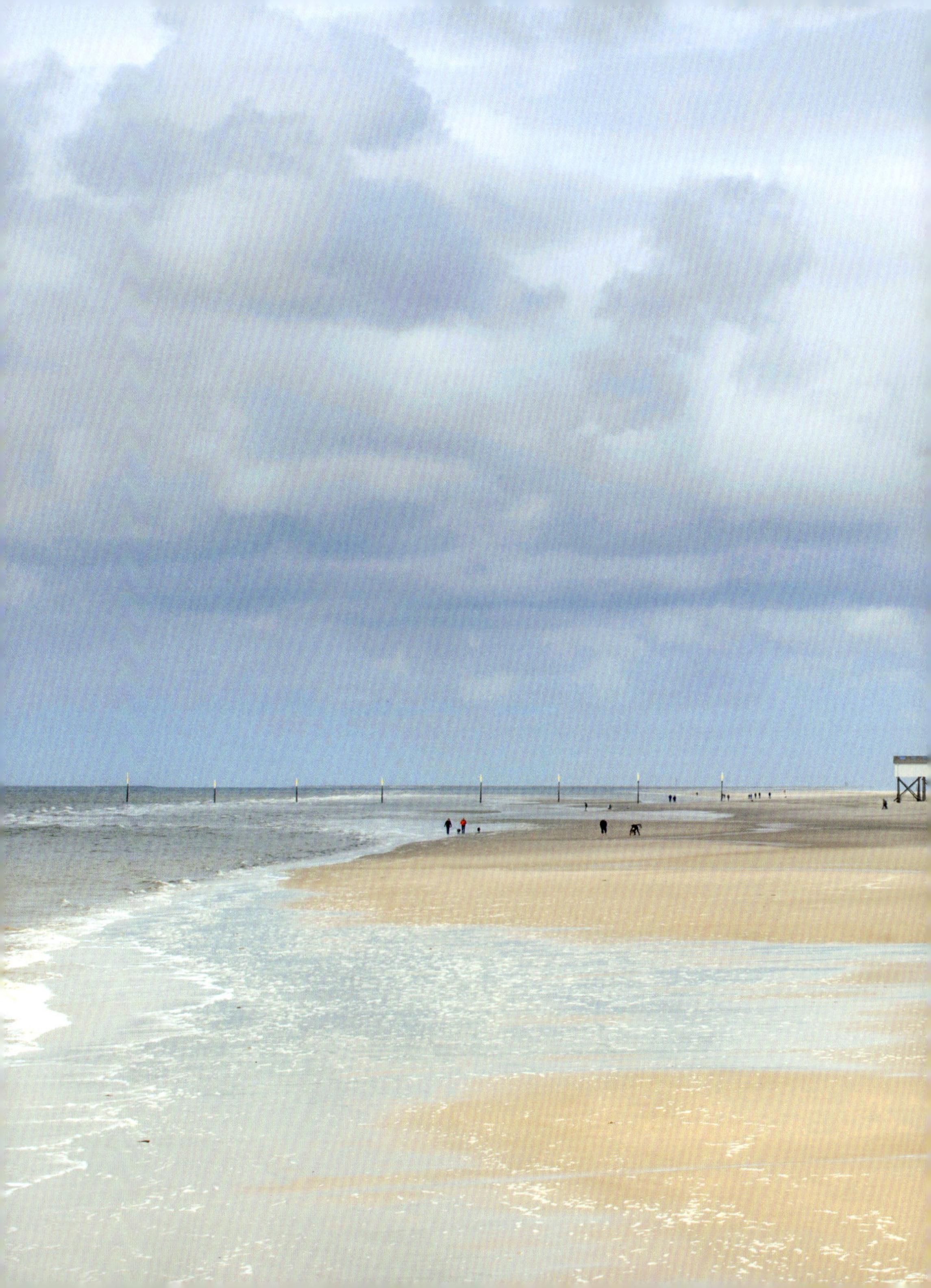

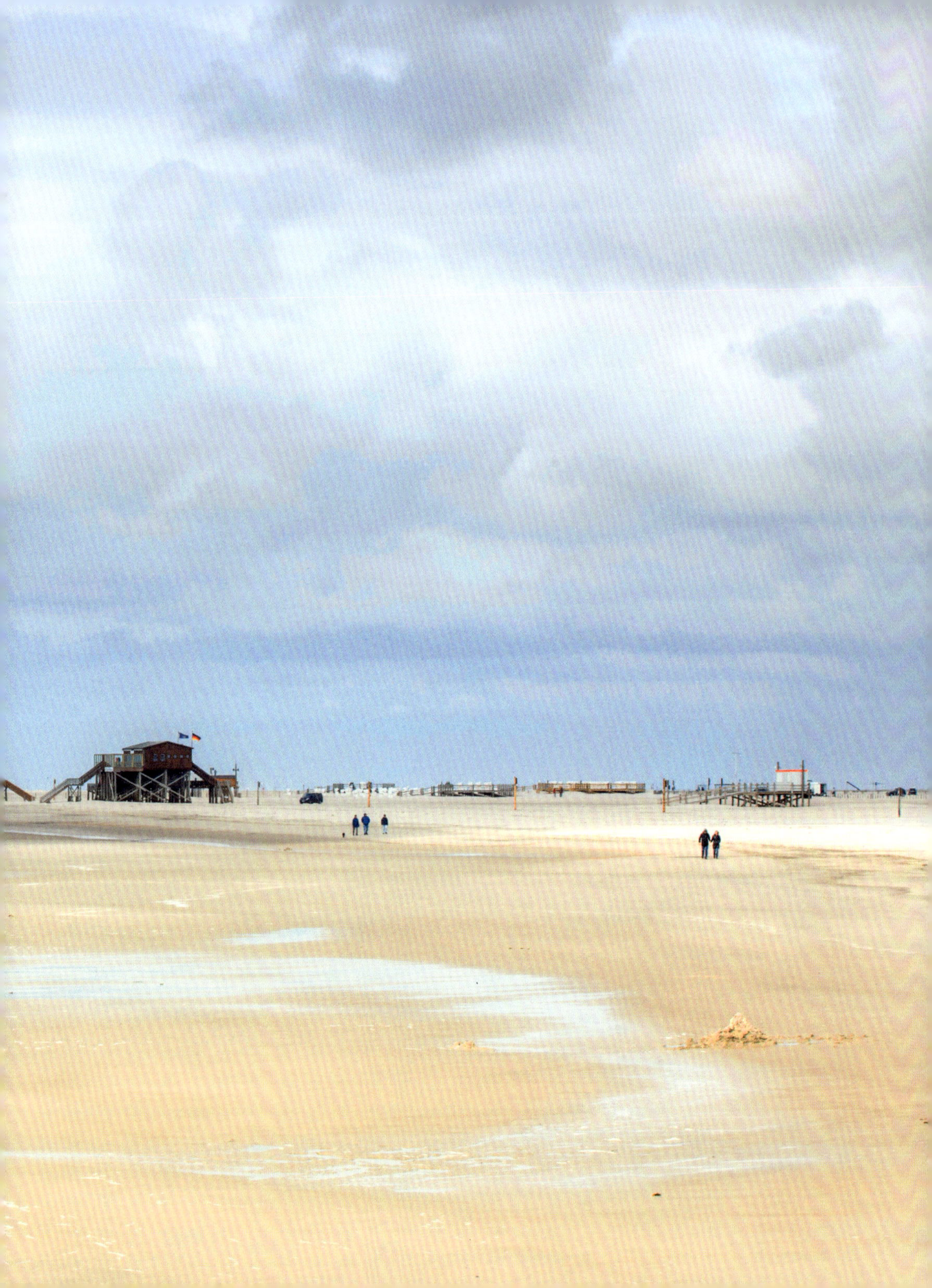

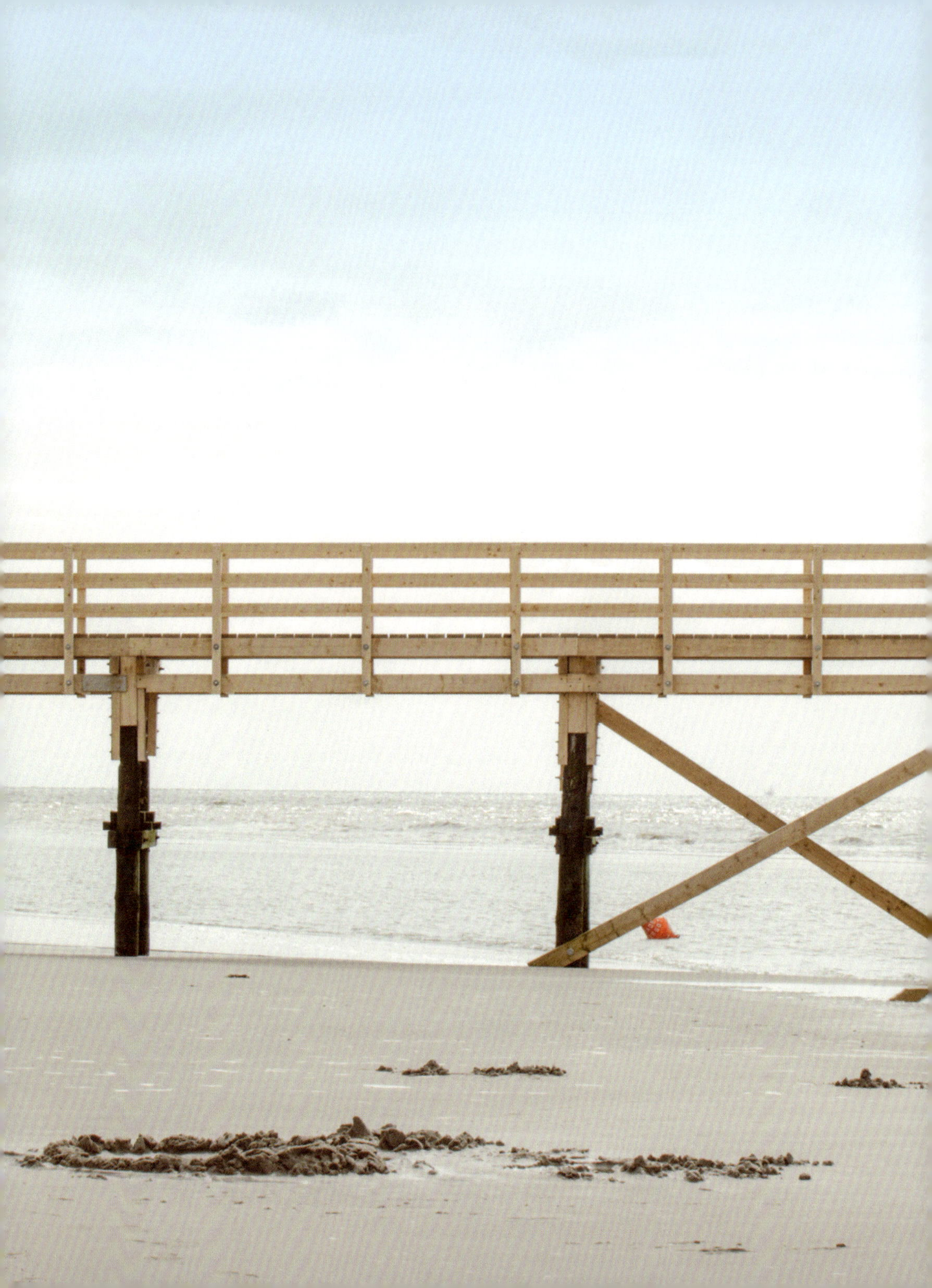

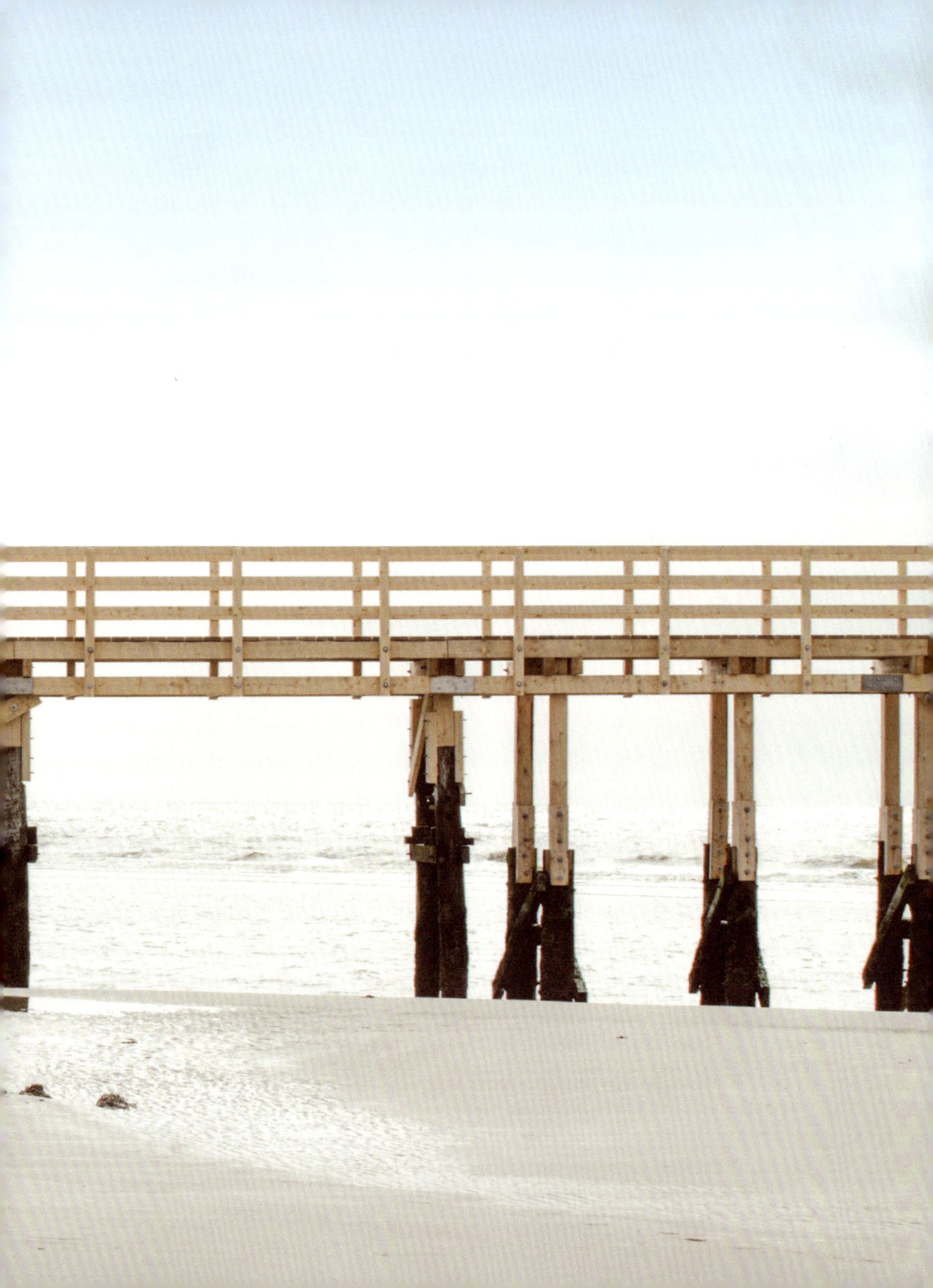

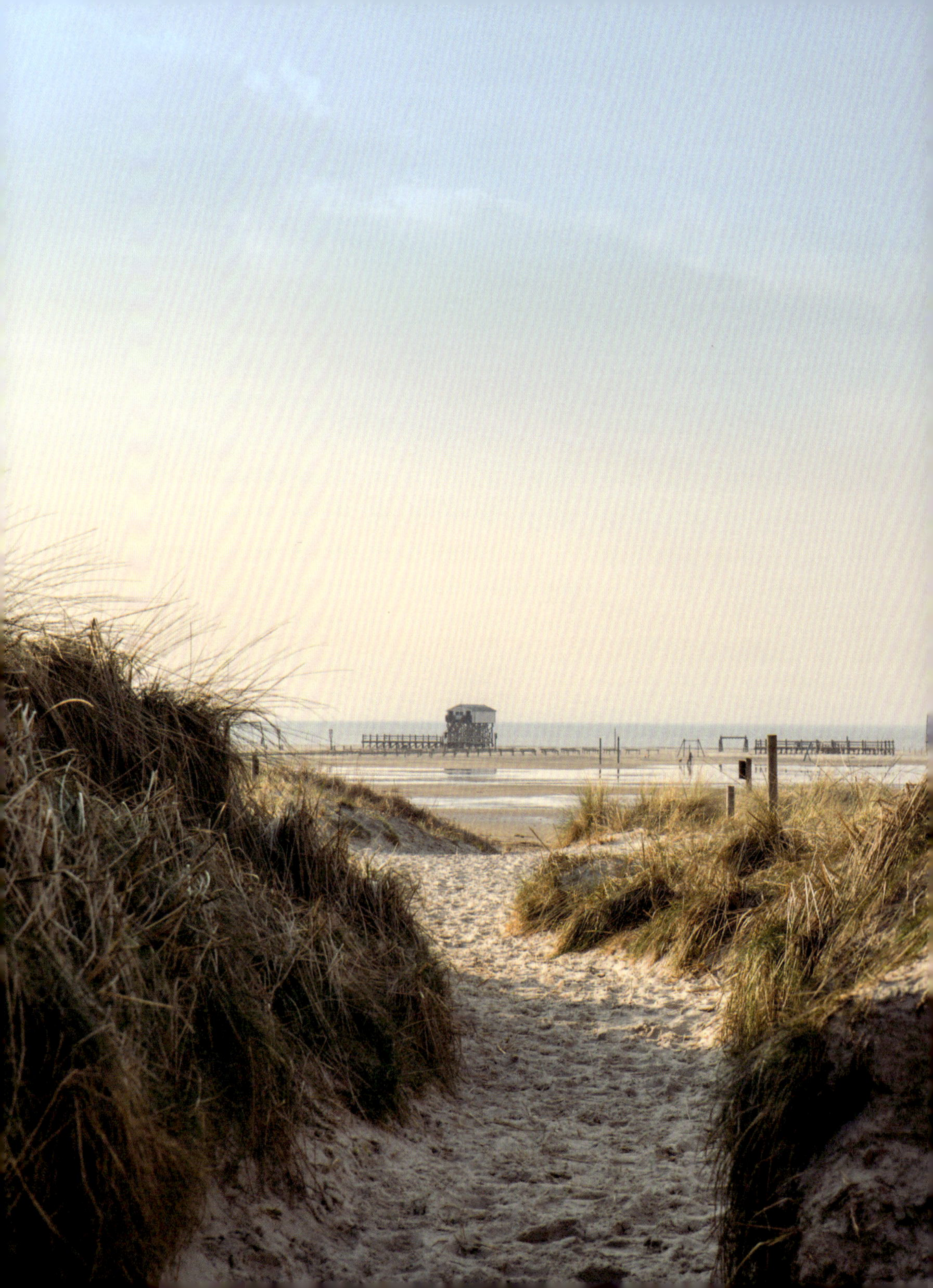

X-H2O
SURFSCHULE

St. Peter-Ording ist aus gutem Grund Austragungsort renommierter Surfcups: Die Bedingungen sind hier nahezu immer perfekt für alle Sportarten, die Wind benötigen. Kite- und Windsurfer kommen von weither an den breiten Strand, und auch Neulinge können hier gut ihre ersten Versuche starten. Die 600 Meter breite Wassersportschneise schließt unangenehme Begegnungen mit Schwimmern aus. Die Surfschule im Stelzenhaus bietet Schulungen für Kinder und Erwachsene und Materialverleih an. Wer es etwas ruhiger mag, der könnte bei wenig Wind und Wellen Stand-up-Paddeln (SUP) ausprobieren. Perfekter Abschluss an einem sportlichen Tag ist ein Sundowner in der kleinen Café-Bar der Schule.

Strandpromenade 3, 25826 St. Peter-Ording
04863 478800
x-h2o.de

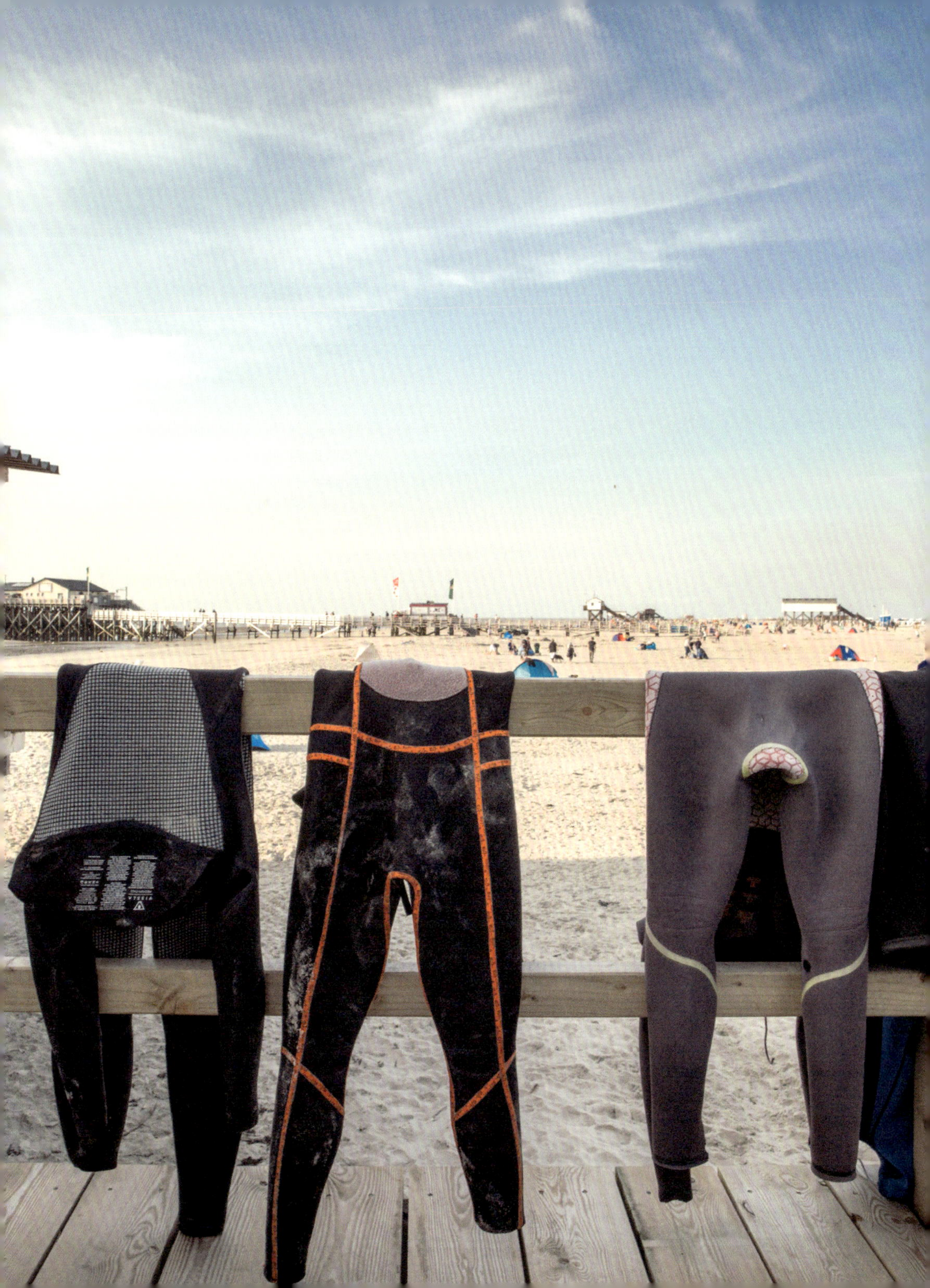

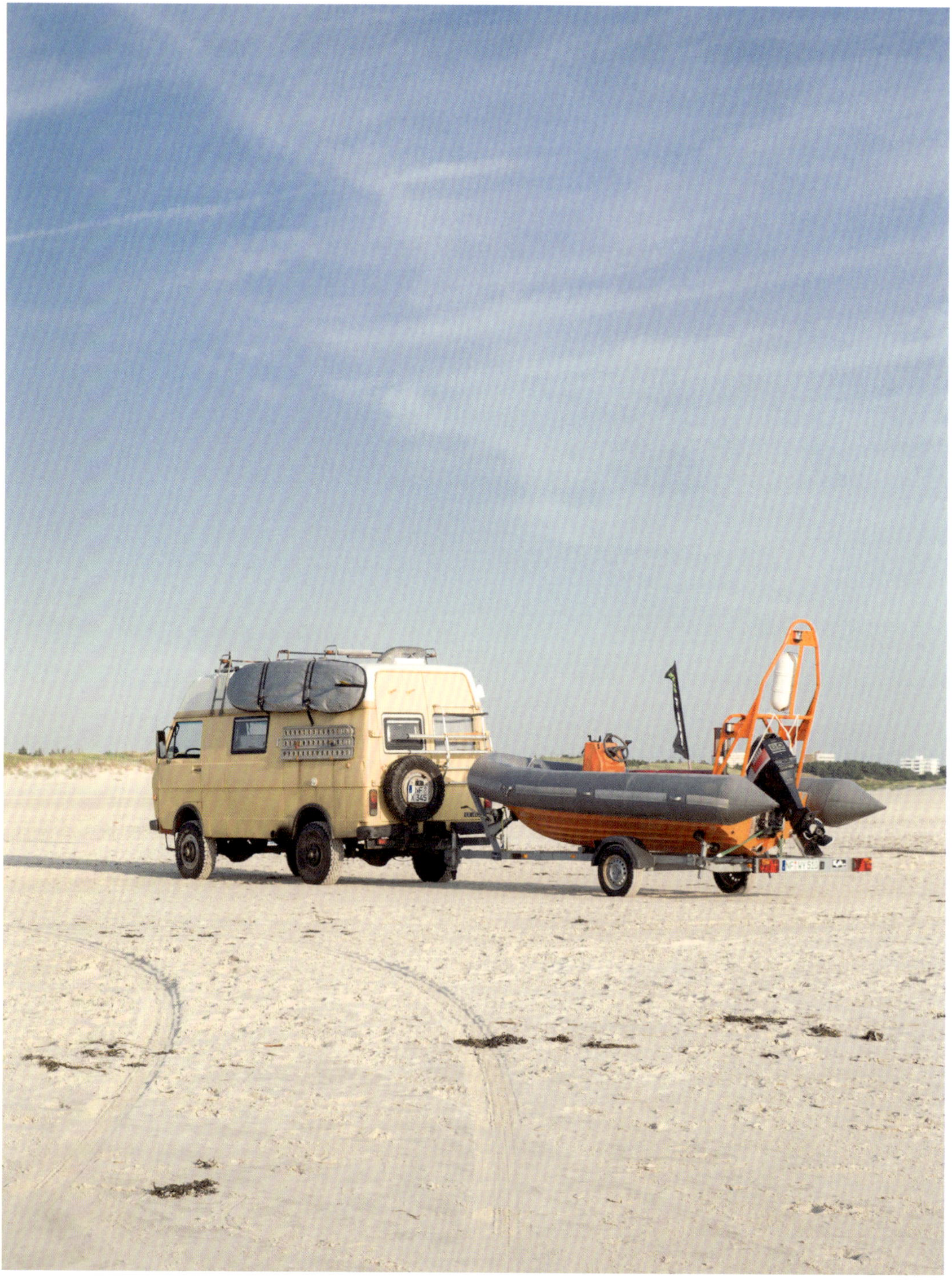

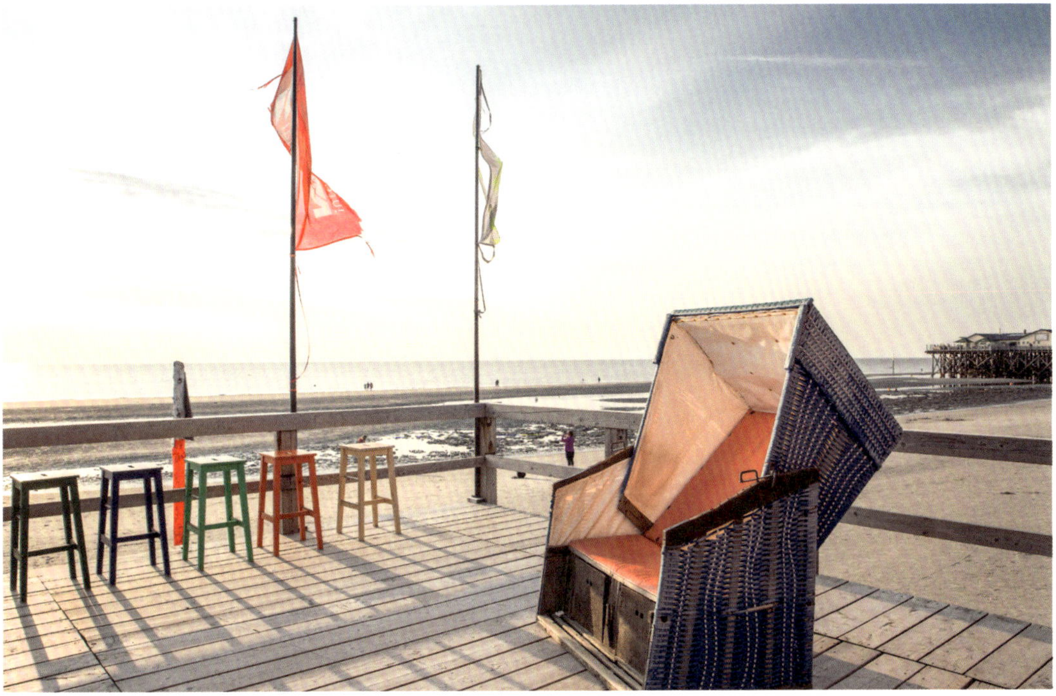

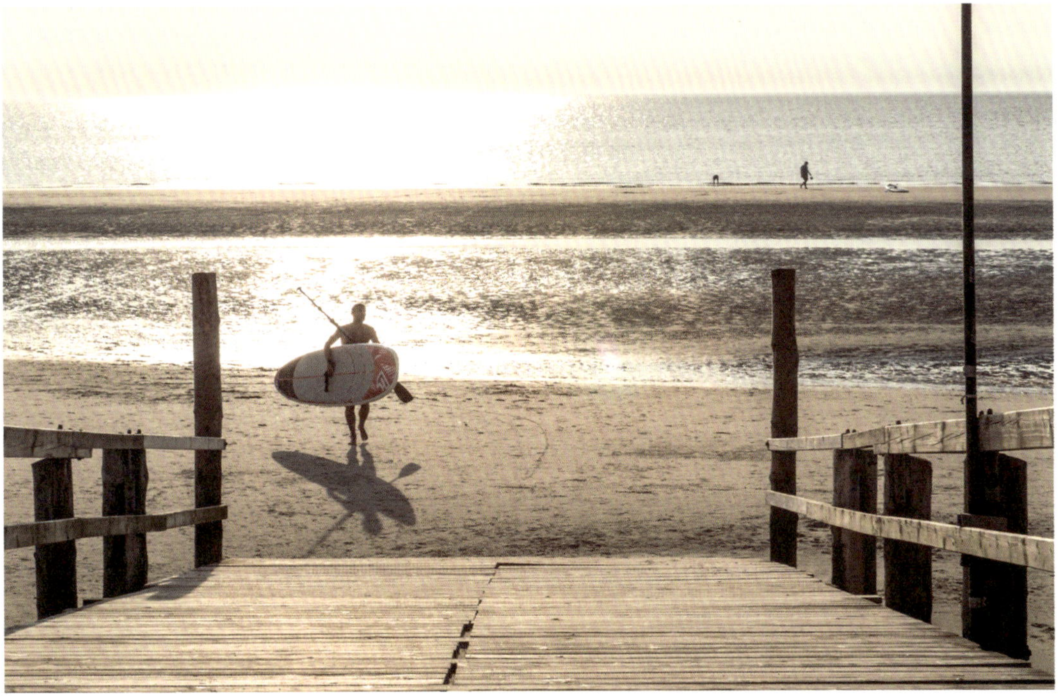

DIE SEEKISTE
RESTAURANT

Zum Böhler Strand, 25826 St. Peter-Ording
04863 476757
dieseekiste.de

Die „Seekiste" ist ein Restaurant auf Stelzen und bietet einen weiten Blick auf das Wattenmeer. Je nach Wind und Wetter schaut man den Surfern, den Möwen oder einfach nur den Wellen zu. Nicht nur für Romantiker: Besonders im Sommer kann man hier eindrucksvolle Sonnenuntergänge erleben. Zu essen gibt es einfache und typisch regionale Gerichte. Absolut empfehlenswert ist das Labskaus.

STRANDBAR 54° NORD
RESTAURANT

Die „Strandbar 54° Nord" liegt im nördlichen Teil des zwölf Kilometer langen Sandstrands von St. Peter-Ording und eignet sich hervorragend für eine ausgedehnte Verschnaufpause nach einem Strandspaziergang. Über einen langen Steg gelangt man in das Pfahlbau-Restaurant mit maritimem Flair. Bei Flut sitzt man inmitten der Nordsee, bei Ebbe im Wattenmeer. Die Karte wechselt regelmäßig und bietet viel Fisch und Fleisch. Im Sommer ist die Strandbar immer sehr gut besucht und man rutscht schon mal etwas näher an die Tischnachbarn heran.

Strandweg 999, 25826 St. Peter-Ording
04863 478175
strandbar-54grad-nord.de

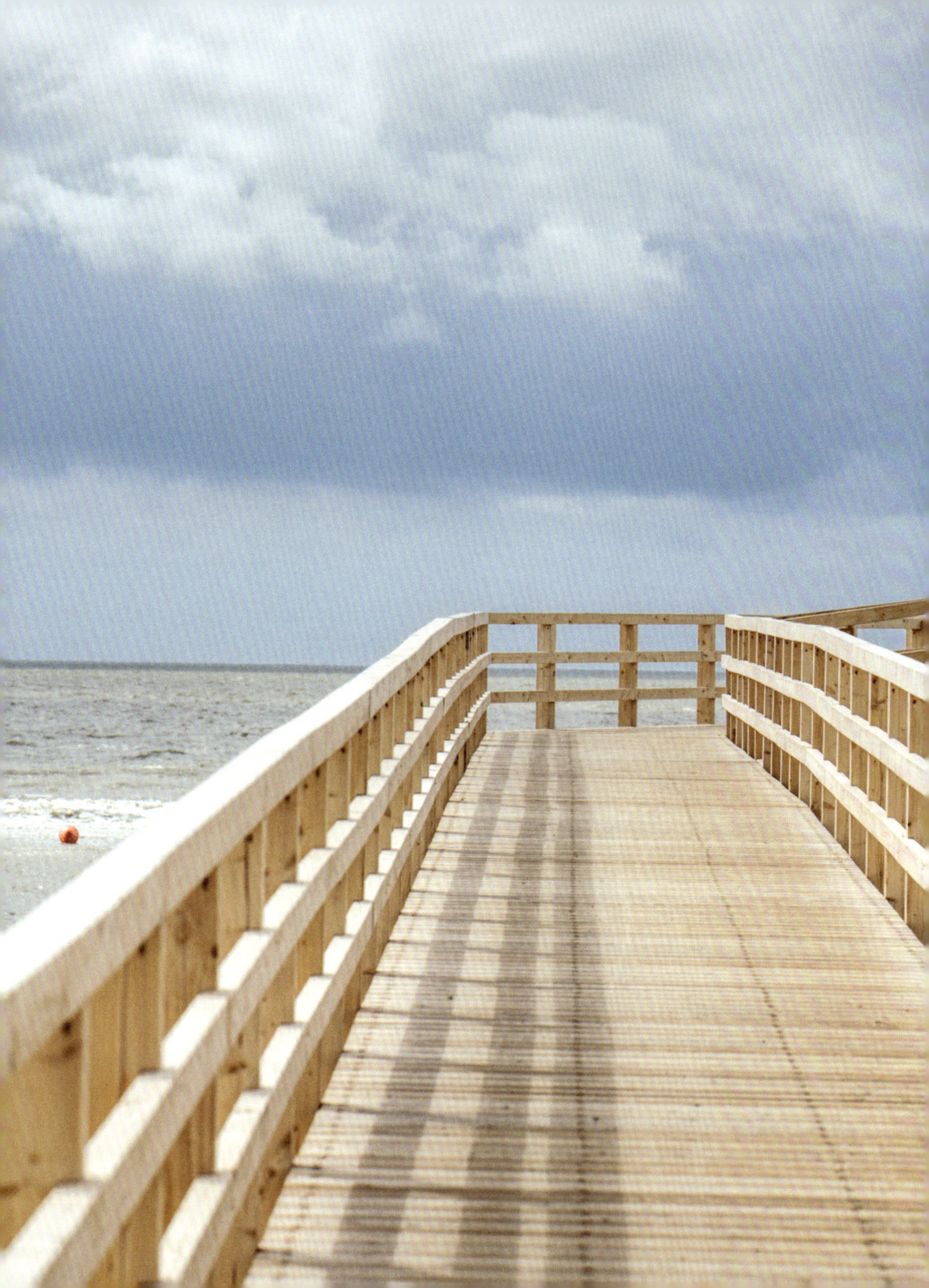

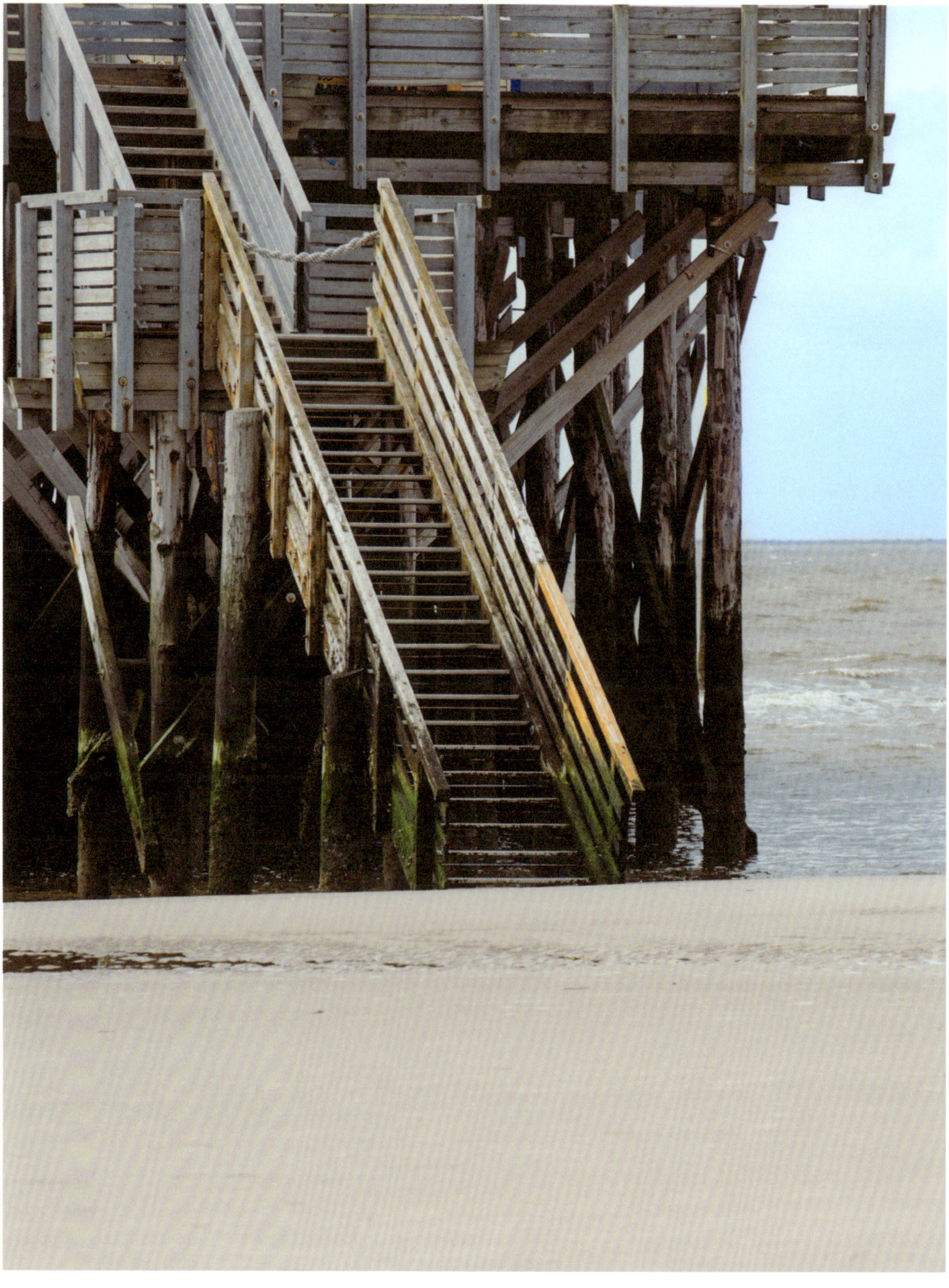

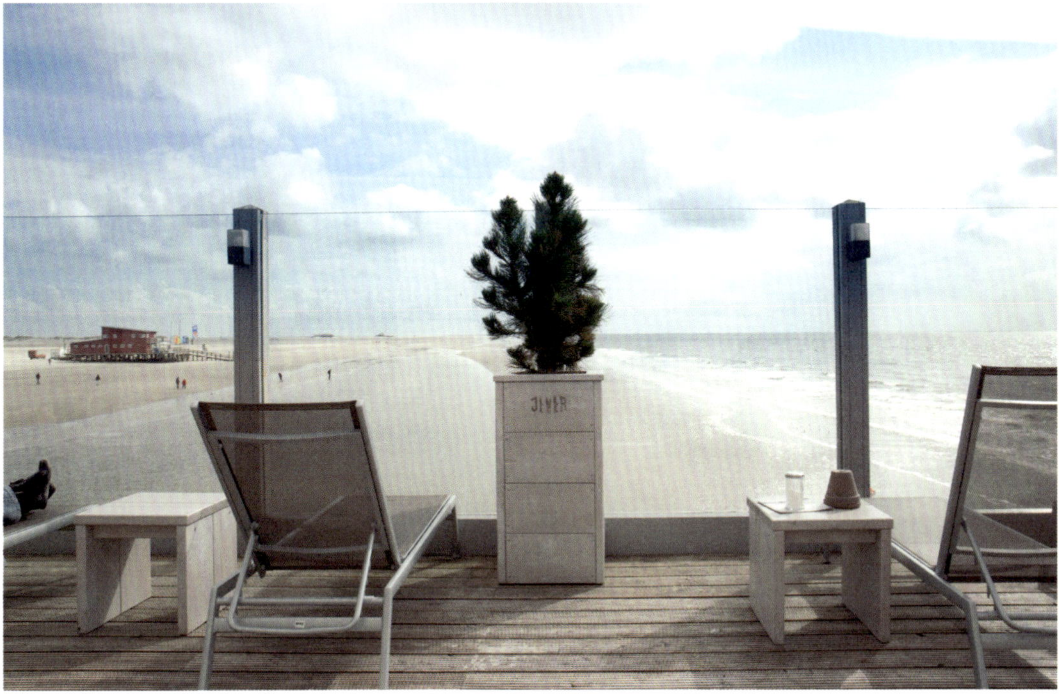

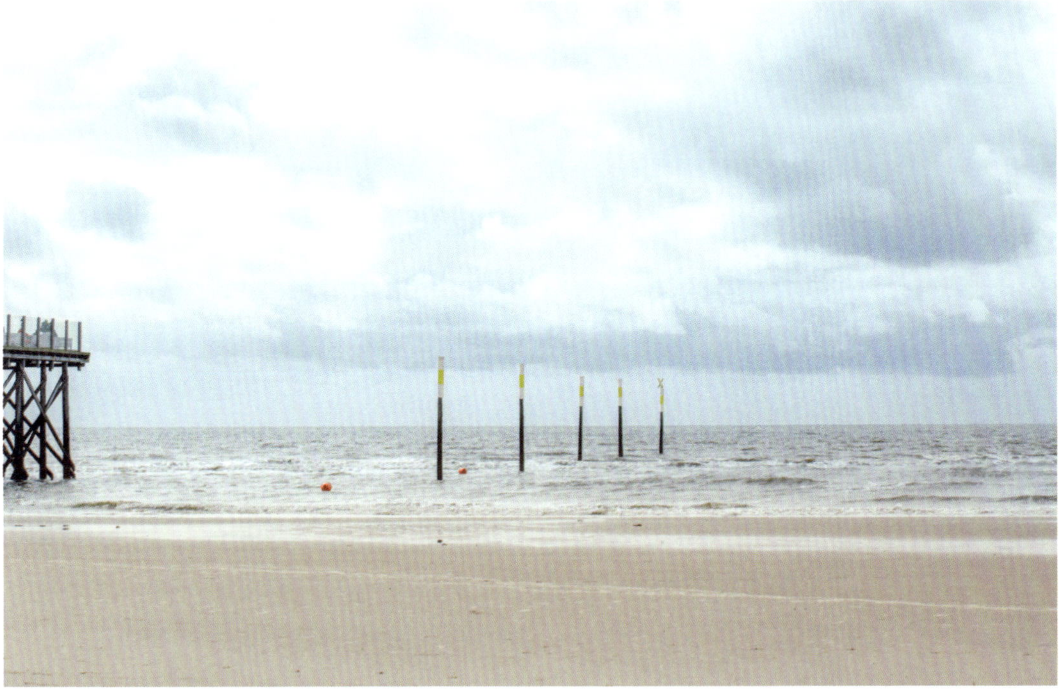

DAS KUBATZKI
HOTEL

Zentral und doch nicht trubelig liegt „Das Kubatzki" mitten in St. Peter-Ording als kleines Yoga-Idyll. Spezialisiert auf die gehobene Unterbringung für Gäste, für die Stil und Entspannung gleichermaßen wichtig sind. Die Zimmer sind nordisch-elegant im Schwarz-Weiß-Kontrast gehalten, hölzerne Töne bringen optische Wärme in die Räume. Der Blick aus den Zimmern, den luxuriösen Suiten sowie den Yoga-Räumen auf Dünenlandschaft und Tannenwälder entspannt den Geist. Dazu gibt es feine Küche, kostbare Tees, Wellness und einen großen Garten mit Bereich zum Sonnenbaden.

Im Bad 59, 25826 St. Peter-Ording
04863 7040
das-kubatzki.de

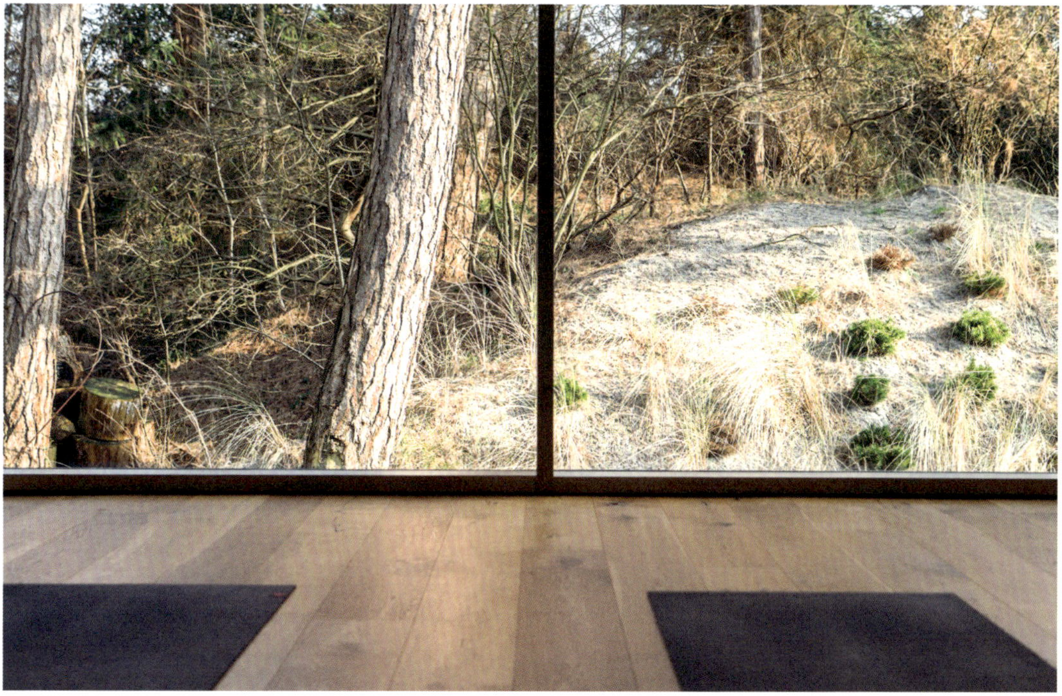

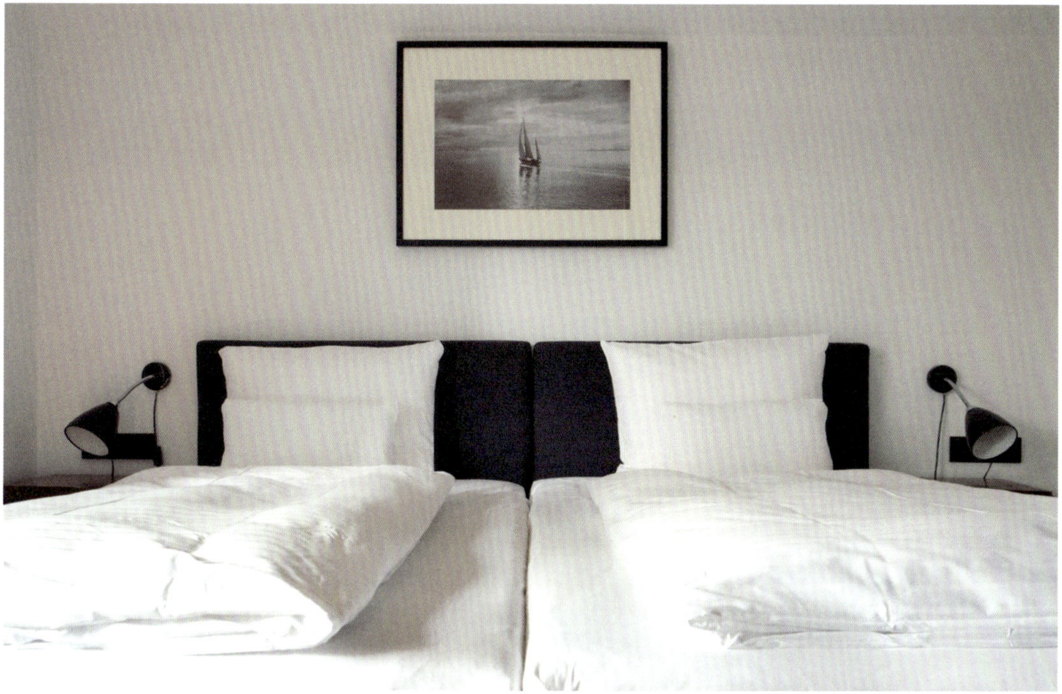

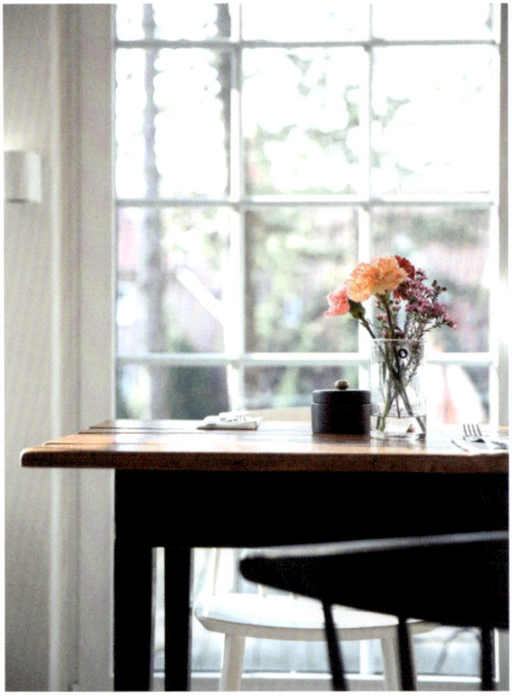

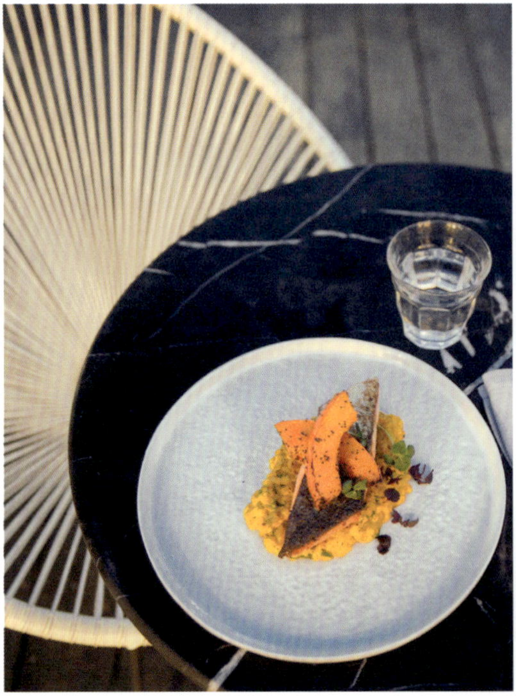

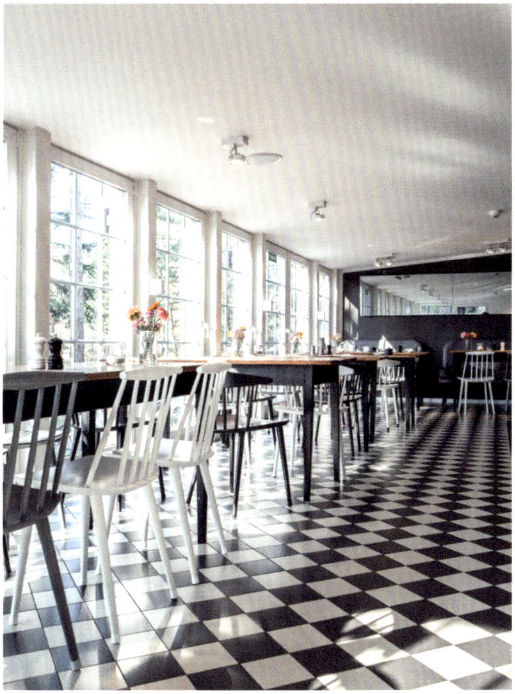

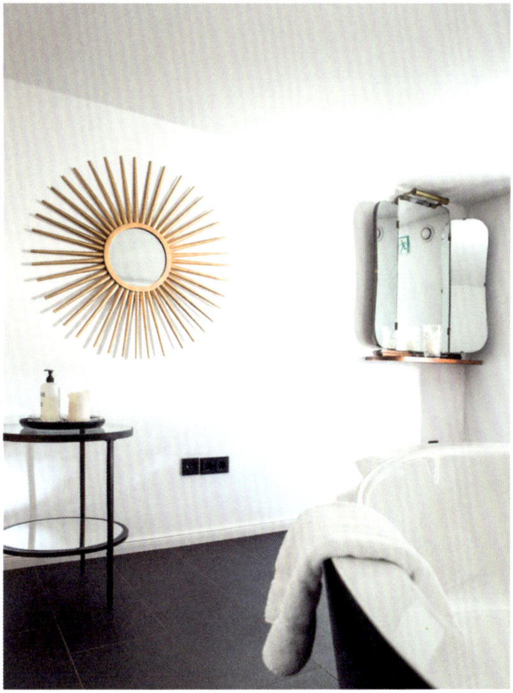

STRANDGUT RESORT
HOTEL

Am Kurbad 2, 25826 St. Peter-Ording
04863 99990
strandgut-resort.de

Stylish und mittendrin – mehr Worte braucht es nicht, um das „StrandGut Resort" zu beschreiben. Die Lage ist ganz einfach sensationell: direkt an der Seebrücke und mit direktem Zugang zum Wellnesscenter der tollen Dünentherme. Für Familien gibt es spezielle Angebote. Auf der Terrasse des Hotel-Restaurants „Deichkind" schmecken alle Mahlzeiten und der Kaffee dank des spektakulären Meerblicks gleich doppelt so gut.

BEACH MOTEL
HOTEL

„Shoes are optional", das ist die erste Hausregel im „Beach Motel". Weitere sind: Sonne tanken, Sandburgen bauen, lachen. Das „Beach Motel" ist das erste Lifestyle-Motel an der Nordseeküste und macht seinem Namen alle Ehre. Es liegt direkt am zwölf Kilometer langen Strand von St. Peter-Ording und ist auch optisch unverkennbar im Stil der Strandhäuser der US-amerikanischen Ostküste gebaut. Dazu gibt es so ziemlich alles, was man im Urlaub braucht: Spa-Bereich, privates Kino, Surf-Shop, Fahrradverleih und spezielle Bulli-Parkplätze.

Am Deich 31, 25826 St. Peter-Ording
04863 90800
beachmotel-spo.de

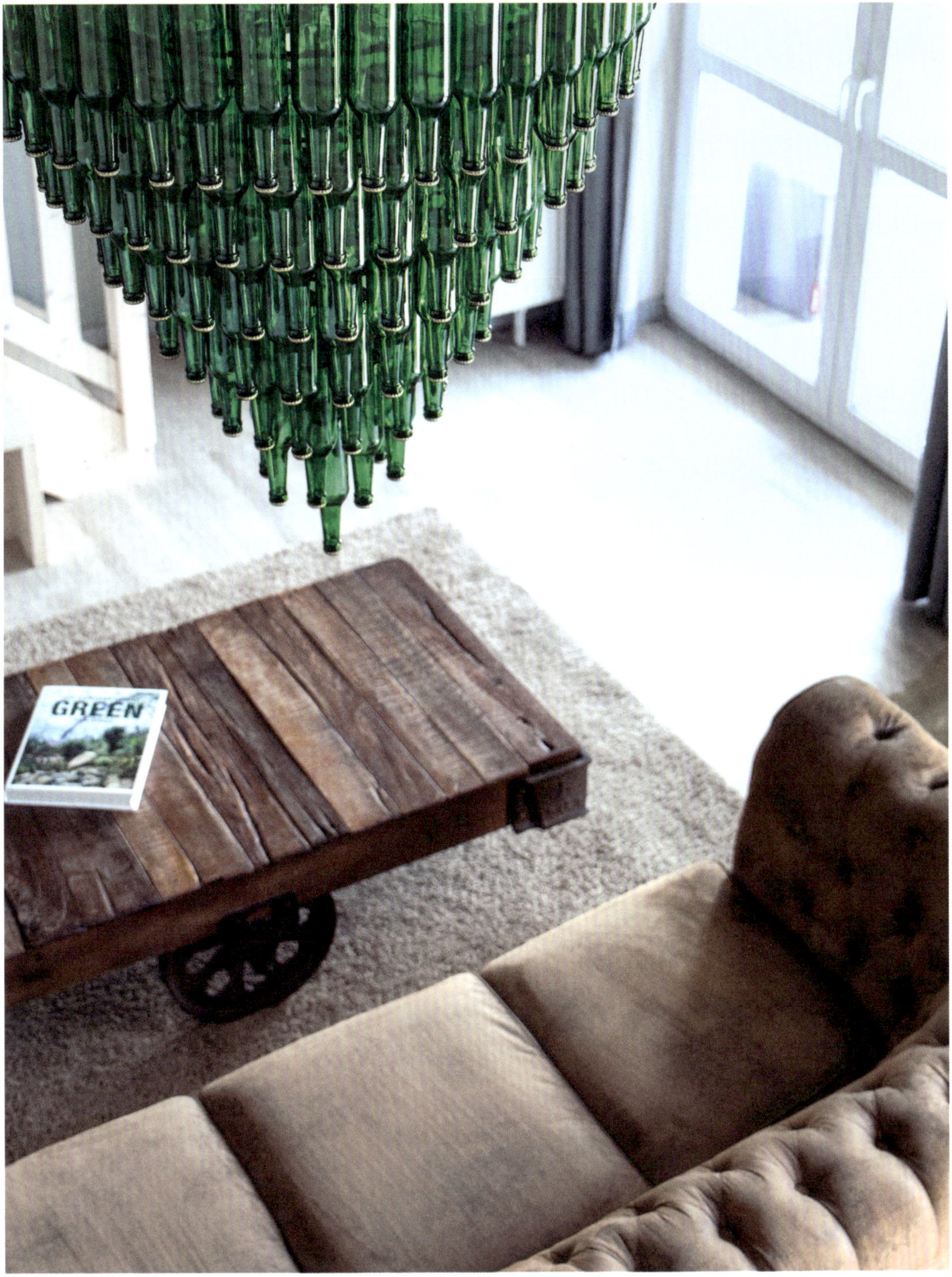
GREEN

MAHRE
CAFÉ UND RESTAURANT

Katinger Watt 3, 25832 Tönning
04833 4291544
cafe-restaurant-mahre.de

Wer es nicht kennt, der fährt am „Mahre" vorbei und ahnt nicht, was er verpasst. Denn das familiengeführte Lokal liegt etwas versteckt abseits der Straße und fern von jeglicher Hektik. Mitten in der idyllischen Natur des Katinger Watts, direkt am Wasser. Zu essen gibt es bodenständige und lokale Gerichte, und ein Stück Torte oder ein Eis passen immer. Direkt nebenan liegt die Badestelle des Katinger Watts, das seit Bau des Eidersperrwerks tidenunabhängig immer wasserbefüllt ist und damit zuverlässig Badespaß garantiert.

KATINGER WATT
NATURSCHUTZGEBIET

Einst bestimmten hier Ebbe und Flut den Rhythmus der Natur, das Katinger Watt ist jedoch eine von Menschen geschaffene Landschaft, die durch den Bau des Eidersperrwerks entstanden ist. Es besteht aus Wiesen, Teichen und Gräben, Prielen, Äckern und einem 495 Hektar großen Wald, dem einzigen größeren Waldgebiet der schleswig-holsteinischen Marsch. Aufgrund der ungewöhnlichen landschaftlichen Mischung sind hier viele unterschiedliche Pflanzen und Tiere beheimatet, darunter so seltene Vogelarten wie Haubentaucher, Austernfischer oder Kiebitze. Besonders gut lässt sich das Gebiet von einem 13 Meter hohen Aussichtsturm überblicken.

Katingsiel 14, 25832 Tönning
04862 8004
schleswig-holstein.nabu.de

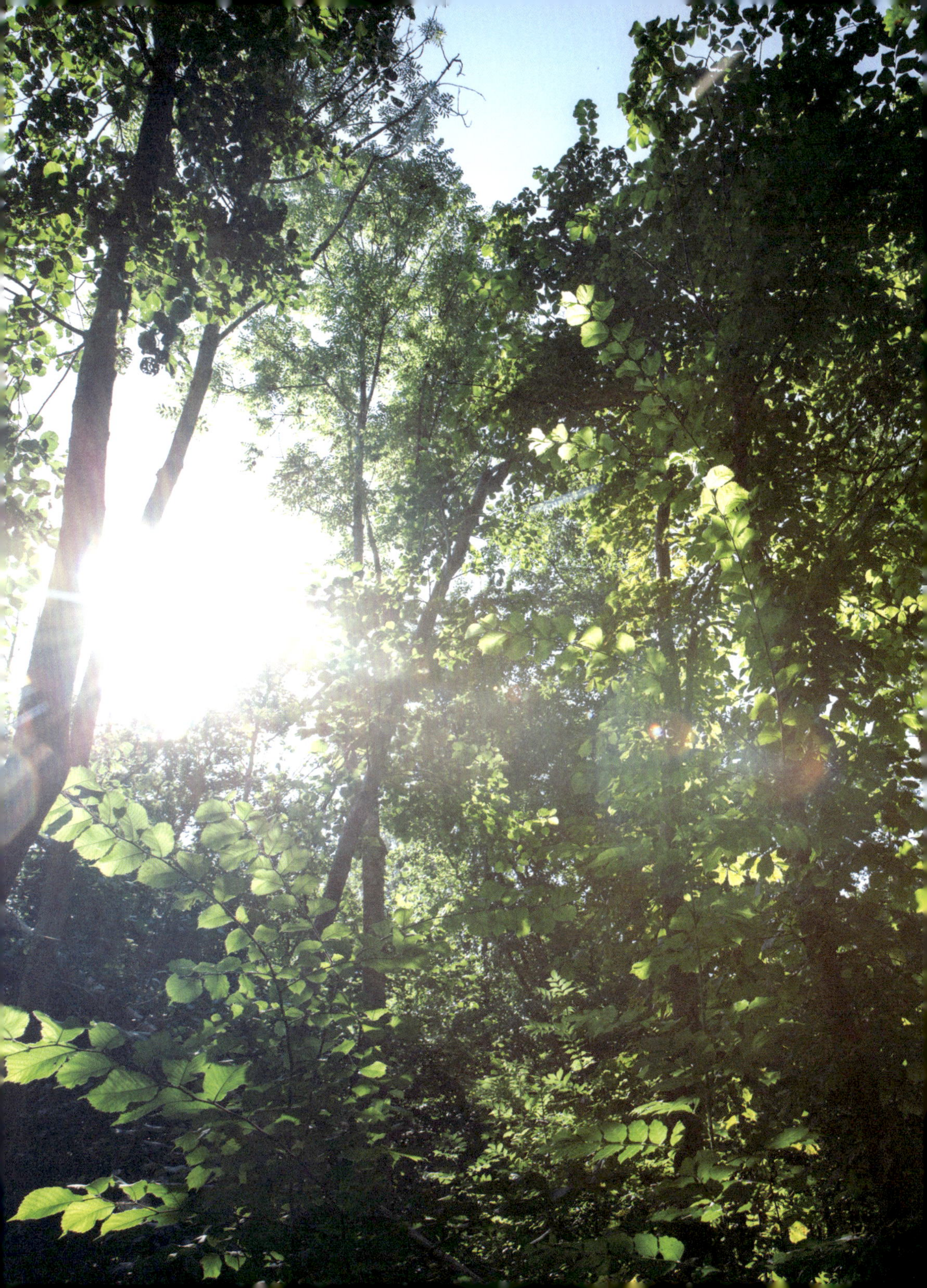

SCHANKWIRTSCHAFT WILHELM ANDRESEN
RESTAURANT

Die „Schankwirtschaft Wilhelm Andresen" ist die älteste Schankwirtschaft der schleswig-holsteinischen Nordseeküste und inzwischen denkmalgeschützt. Bei schönem Wetter sitzt man draußen hinter dem Katinger Deich mit Blick auf Hasen, Schafe und Ponys; bei schlechtem auf roten Samtpolstern in kleinen, charmanten Stuben mit original Delfter Kacheln an den Wänden. Zu essen gibt es Leckeres aus dem eigenen Haus und Garten wie belegte Schwarzbrote und Bratkartoffeln in allen Varianten. Und es darf keiner abfahren, der nicht die Spezialität des Hauses probiert hat: „Eiergrog nach dem Originalrezept der blonden Kathrein". Sein Ruhm soll sogar bis nach Hamburg reichen. Kathrein übrigens war die Großmutter des heutigen Besitzers – und schon zu Lebzeiten eine Legende.

Katingsiel 4, 25832 Tönning
04862 370
schankwirtschaft-andresen.de

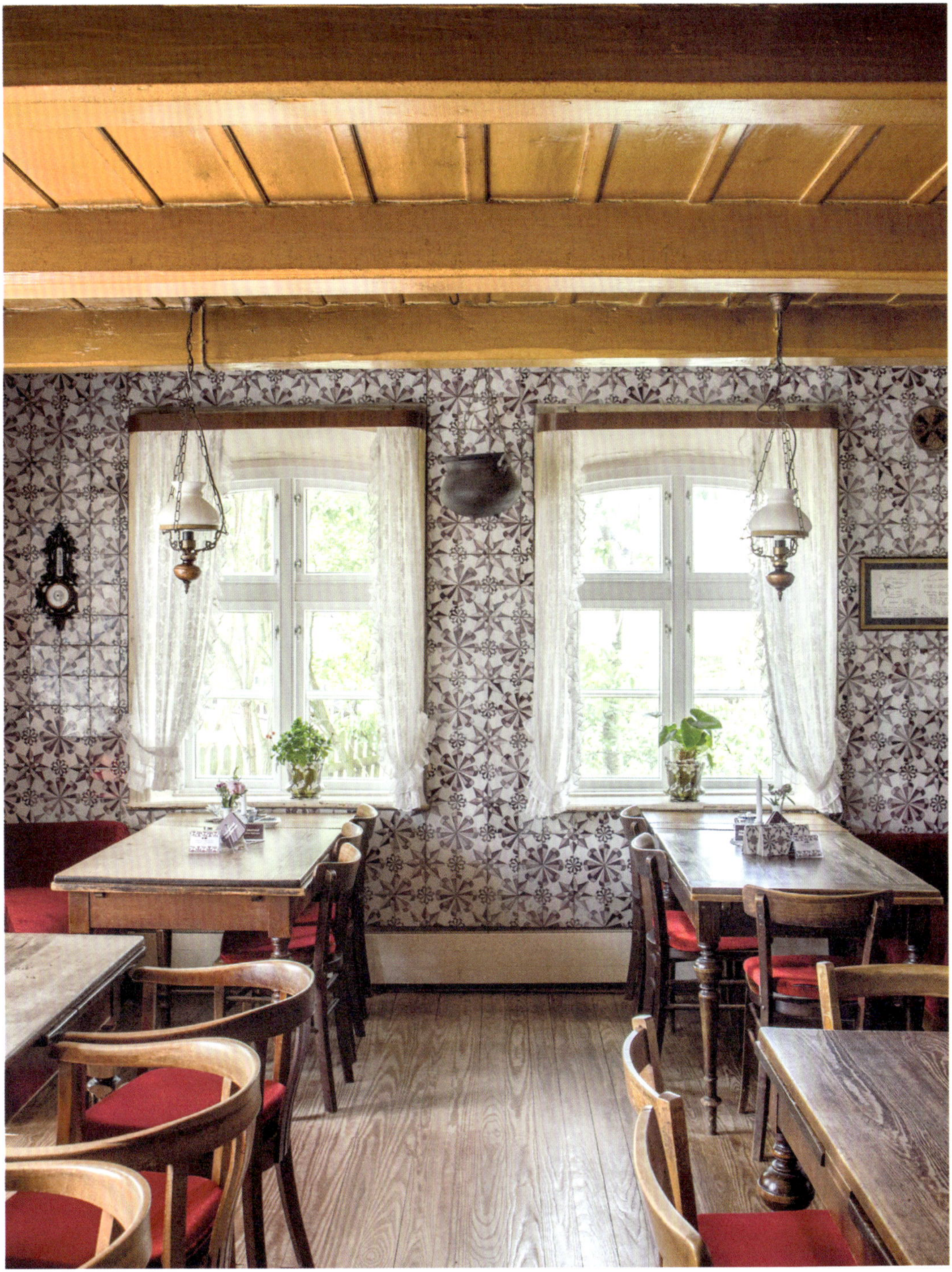

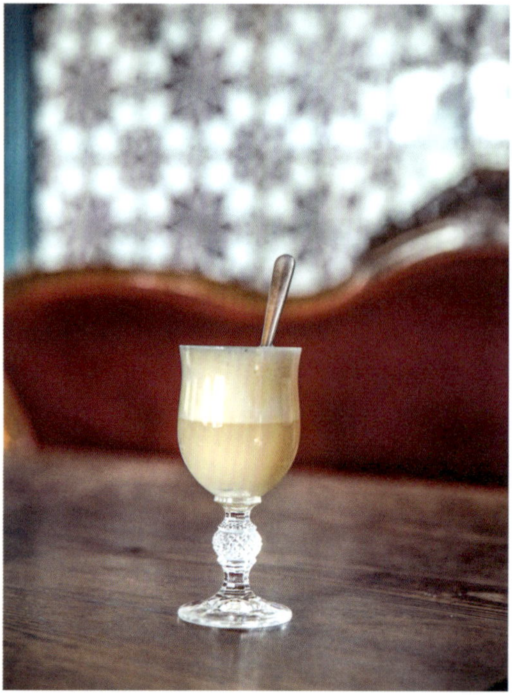

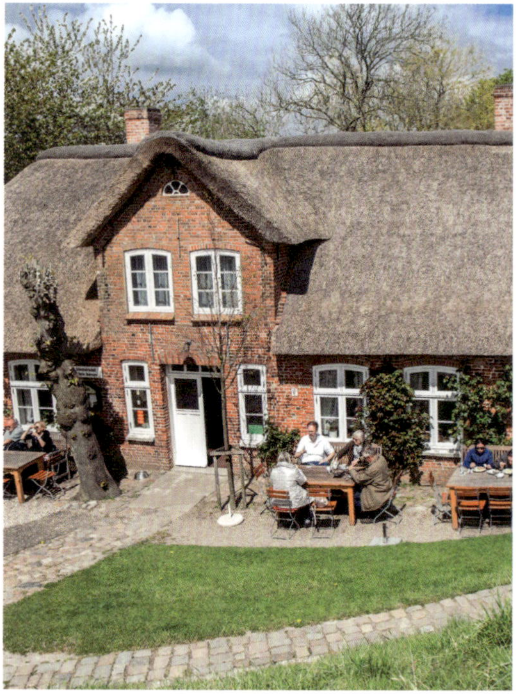

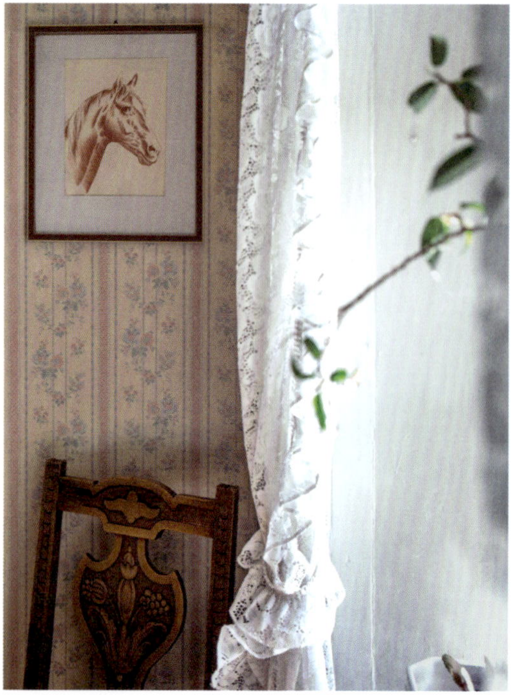

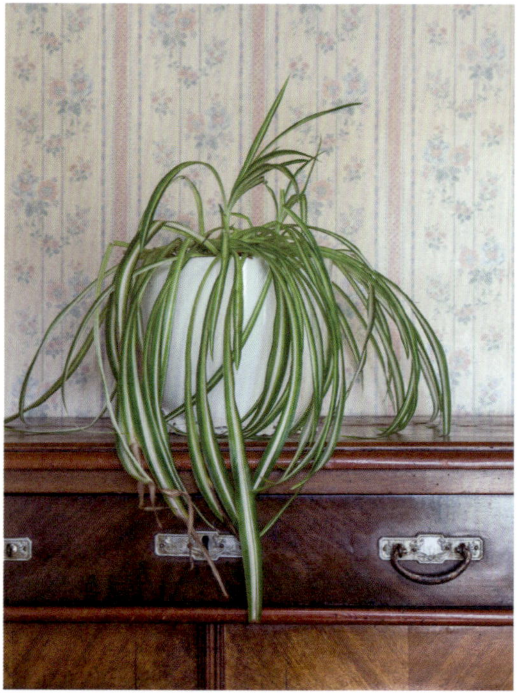

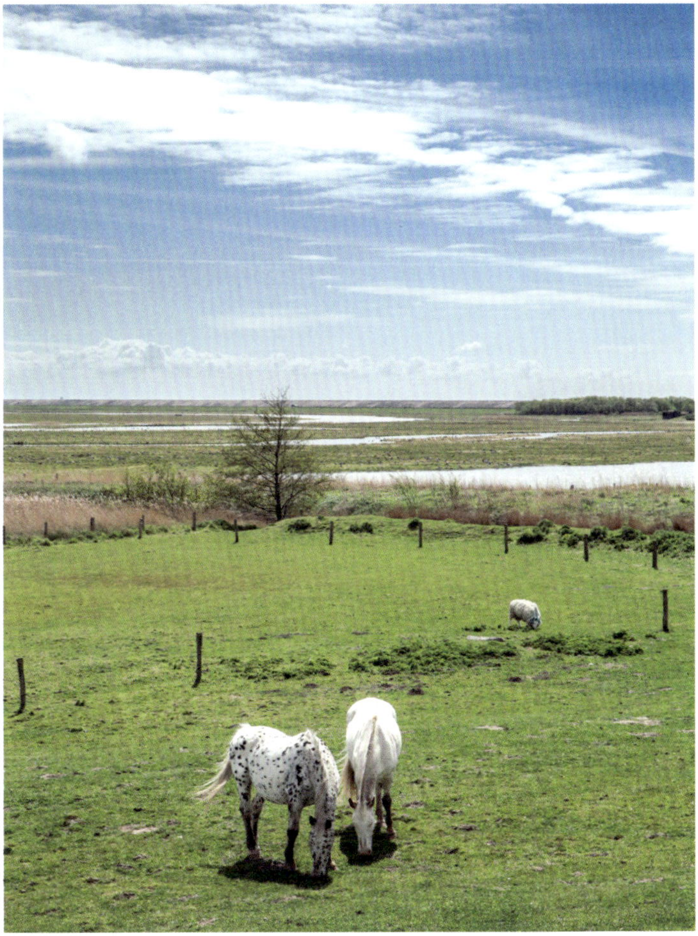

LEUCHTTURM WESTERHEVER
SEHENSWÜRDIGKEIT

45 Minuten Fußmarsch, dann steht man am Fuß des Leuchtturms Westerhever. Seit 1908 navigiert sein Leuchtfeuer die Seefahrer, seit 1979 automatisch und ohne Leuchtturmwärter. Und seit 1995 ist er berühmt durch den Bierwerbespot der Brauerei Jever. Nicht nur aus der Froschperspektive ist der rot-weiß gestreifte Turm beeindruckend: 41,5 Meter ragt er über dem mittleren Tidehochwasser in die Höhe. Oben, genauer gesagt nach 160 Stufen, wird es atemberaubend: Von der Plattform hat man einen tollen Ausblick über das Wattenmeer und Eiderstedt. Besichtigungen finden von Ostern bis Ende Oktober jeweils Montag, Mittwoch und Samstag statt (Kinder dürfen ab acht Jahren auf den Leuchtturm). Wer einen außergewöhnlichen Ort für seine Hochzeit sucht, kann sich im Hochzeitsraum auf der vierten Turmplattform trauen lassen.

Westerheversand, 25881 Westerhever
04865 1206
westerhever-nordsee.de

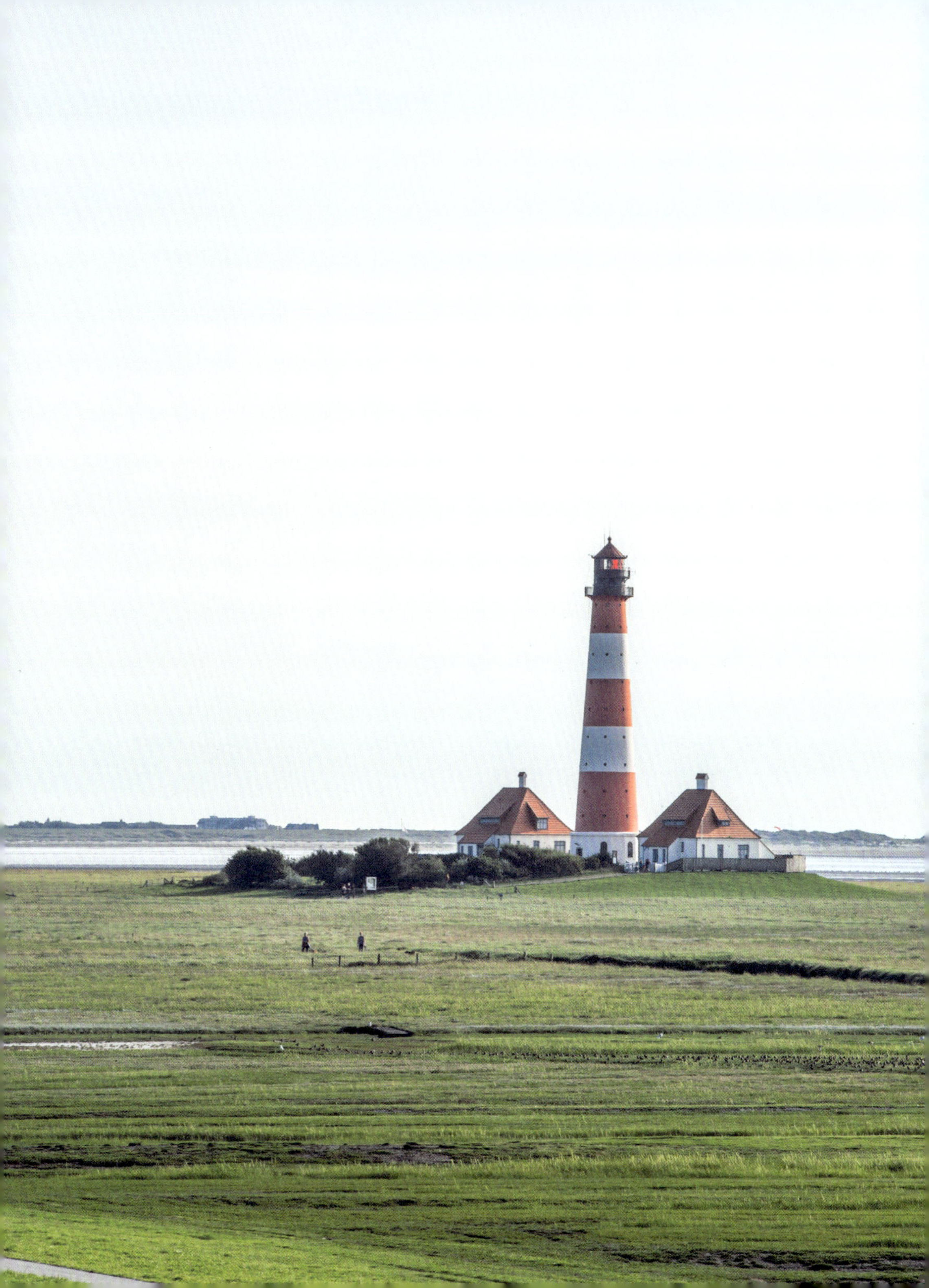

HOCHDORFER GARTEN
SEHENSWÜRDIGKEIT

Der Hochdorfer Garten ist zwar alt und blüht dennoch wie das junge Leben. Im Jahr 1764 wurde der Barockgarten auf einer Fläche von etwa fünf Hektar angelegt. Seitdem hat sich einiges verändert, aber nach wie vor ist die Anlage ein wertvolles Denkmal für die bäuerliche Gartenkultur. Allein 17 historische Apfelbäume blühen im Obstbaumquartier. 1979 wurde der Hochdorfer Garten sogar unter Denkmalschutz gestellt. Beim Spaziergang durch Beetanlagen, Alleen und über kleine Brücken sieht man nicht nur heimische Pflanzen blühen. Auch exotische Gehölze säumen die gepflegten Wege des Gartens.

Düsternbrook 10, 25881 Tating
04862-8419
hochdorfer-garten.de

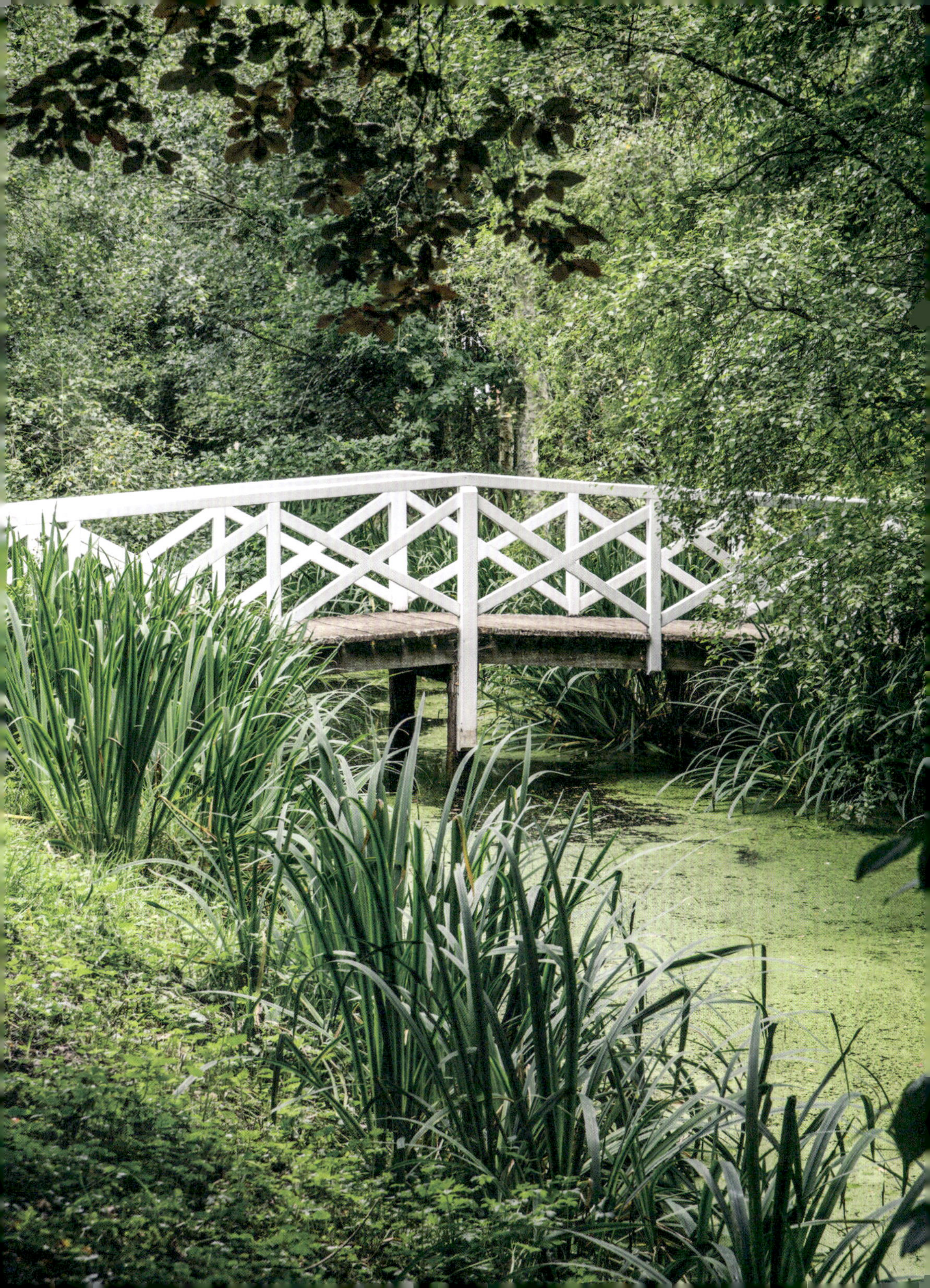

LANDCAFÉ ÉCLAIR
CAFÉ

Am gedeckten Tisch im „Landcafé éclair" fühlt man sich wie Alice bei der Teeparty des verrückten Hutmachers. Verschnörkelte Holzstühle, Blumen und verziertes Porzellan bilden den perfekten Rahmen für ein Frühstück, den Genuss von Salaten, herzhaft belegten Broten oder üppigen Tortenstücken. Am besten genießt man die Speisen bei gutem Wetter auf der Sommerterrasse oder direkt auf der Wiese im zauberhaften Obstgarten. In kleinen Schälchen werden selbst gemachte Aufstriche und Marmeladen serviert, dazu kommt feines Gebäck wie Rosinenbrötchen und Scones auf den Tisch. Nach dem Sattessen können sich die Gäste im Café sattsehen: Die liebevoll arrangierten Deko-Artikel und die handgenähte Kinderkleidung gibt es aber auch zu kaufen.

Koogstraße 57, 25881 Tümlauer-Koog
04862 201609
landcafe-eclair.de

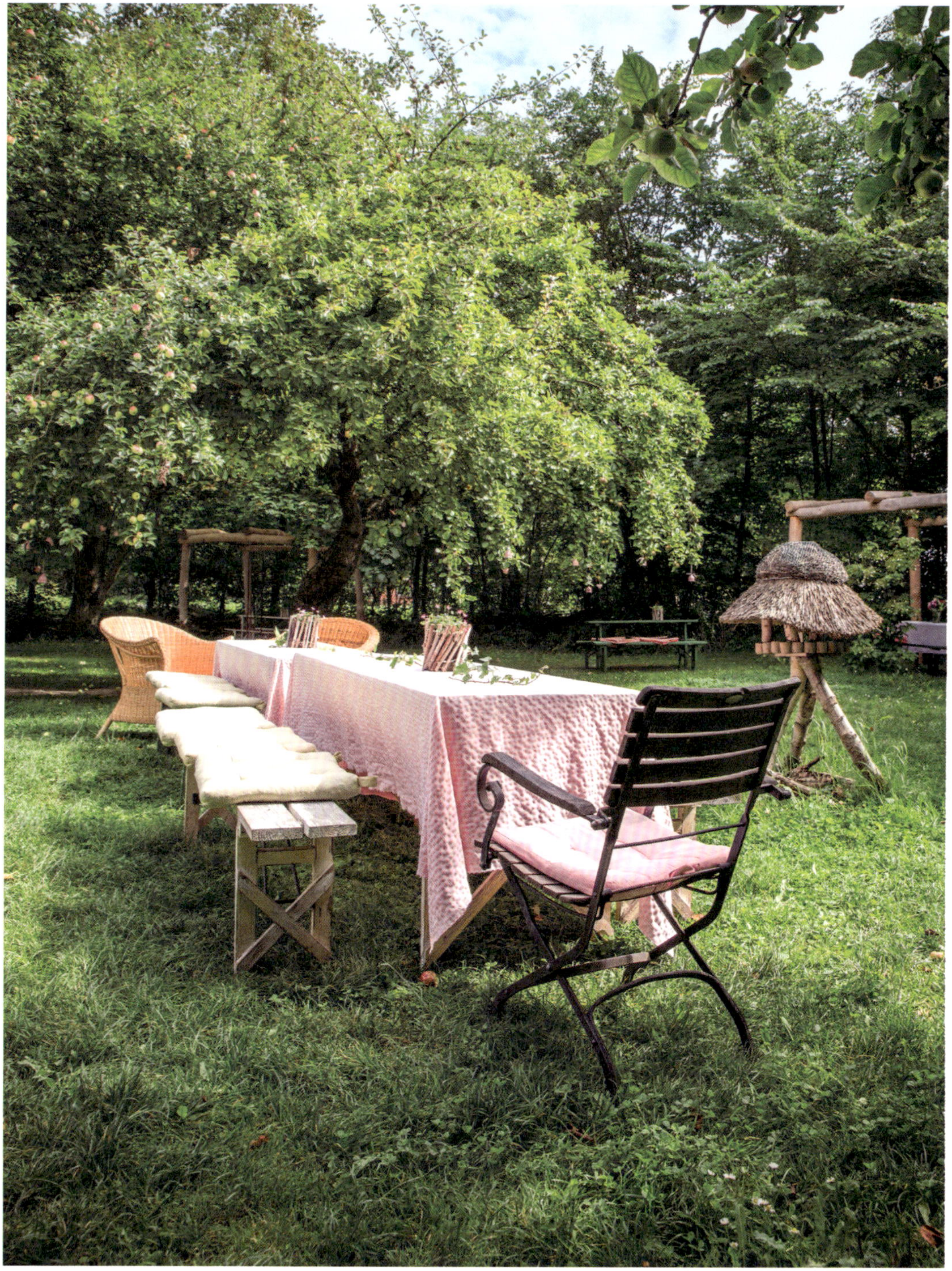

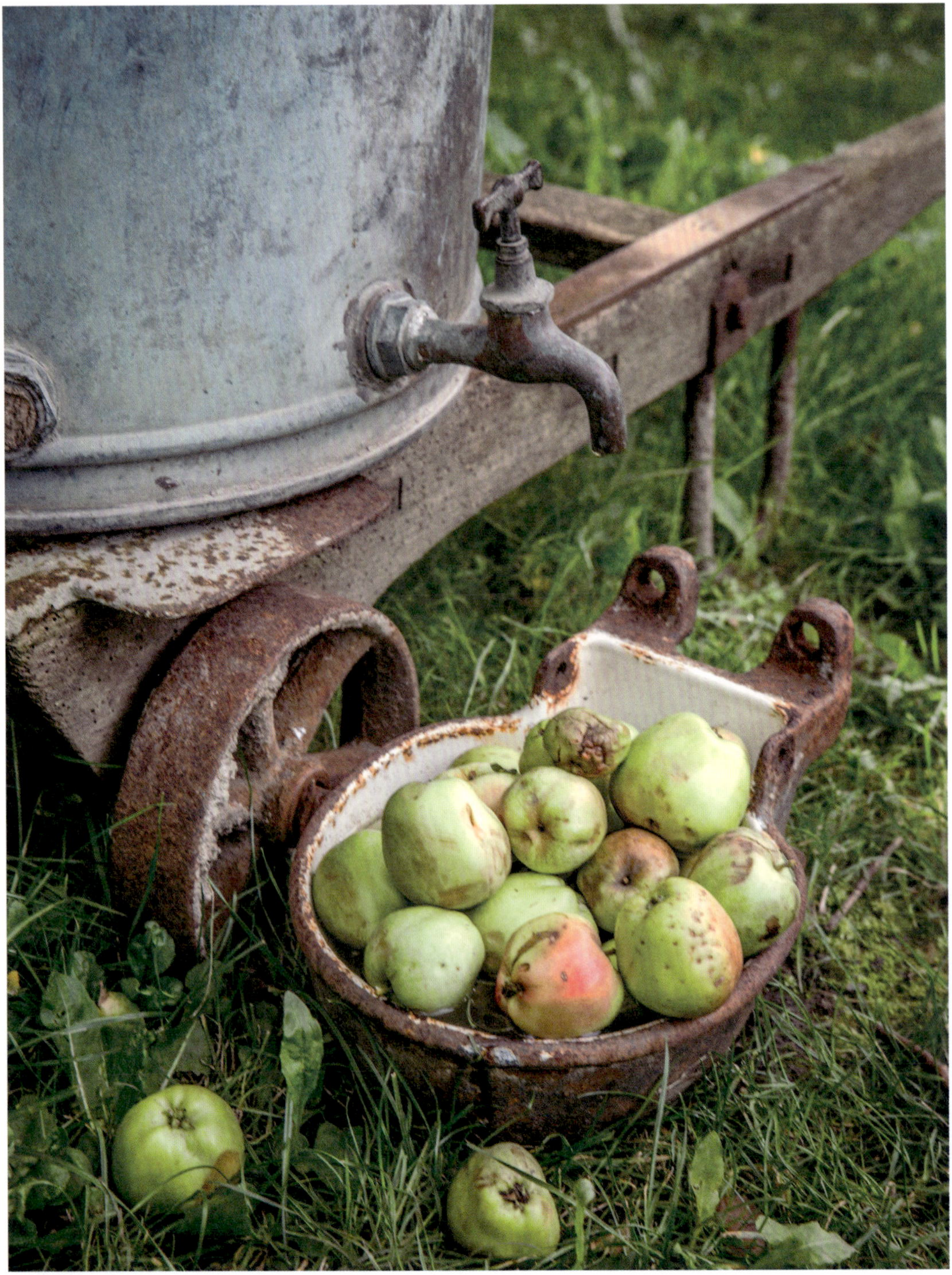

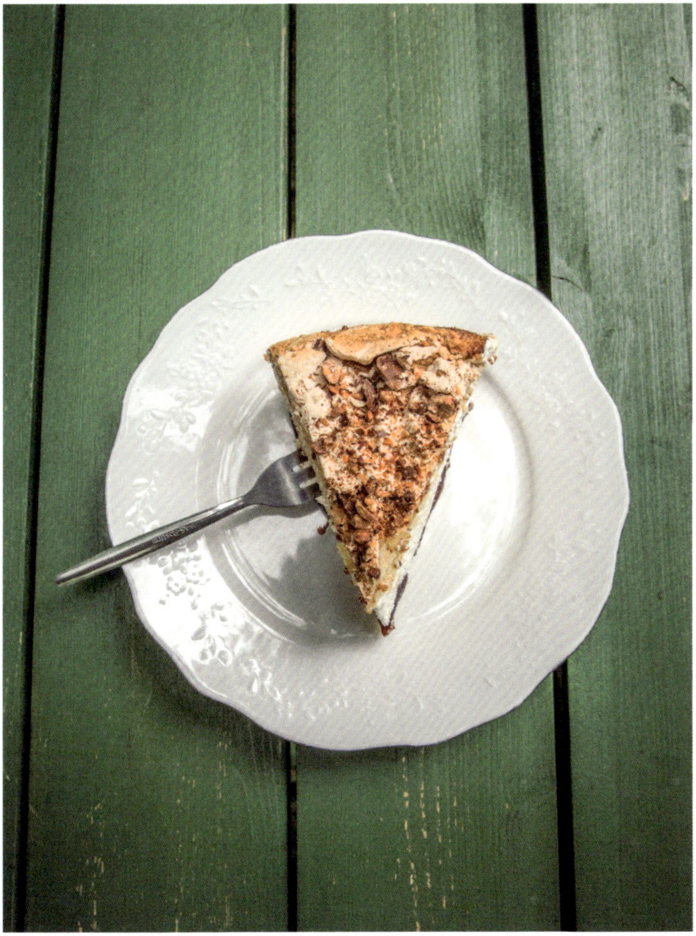

EVERSCHOPSIEL
BADESTELLE

Die grüne Badestelle Everschopsiel am Tetenbüllspieker ist unprätentiös. Gut genug für alle, die mal eben kurz und vor allem ohne Kurtaxe in die Nordsee springen wollen. Bei Hochwasser wunderbar, bei Ebbe meist nur zur Wattwanderung geeignet. Der Badesteg garantiert schlickfreie Füße. Der kleine Segelhafen schafft ein malerisches Ambiente und mit Spielplatz, Dusche und seichtem Wasser ist der Grünstrand auch familientauglich.

Everschoper Str. 1, 25882 Tetenbüll

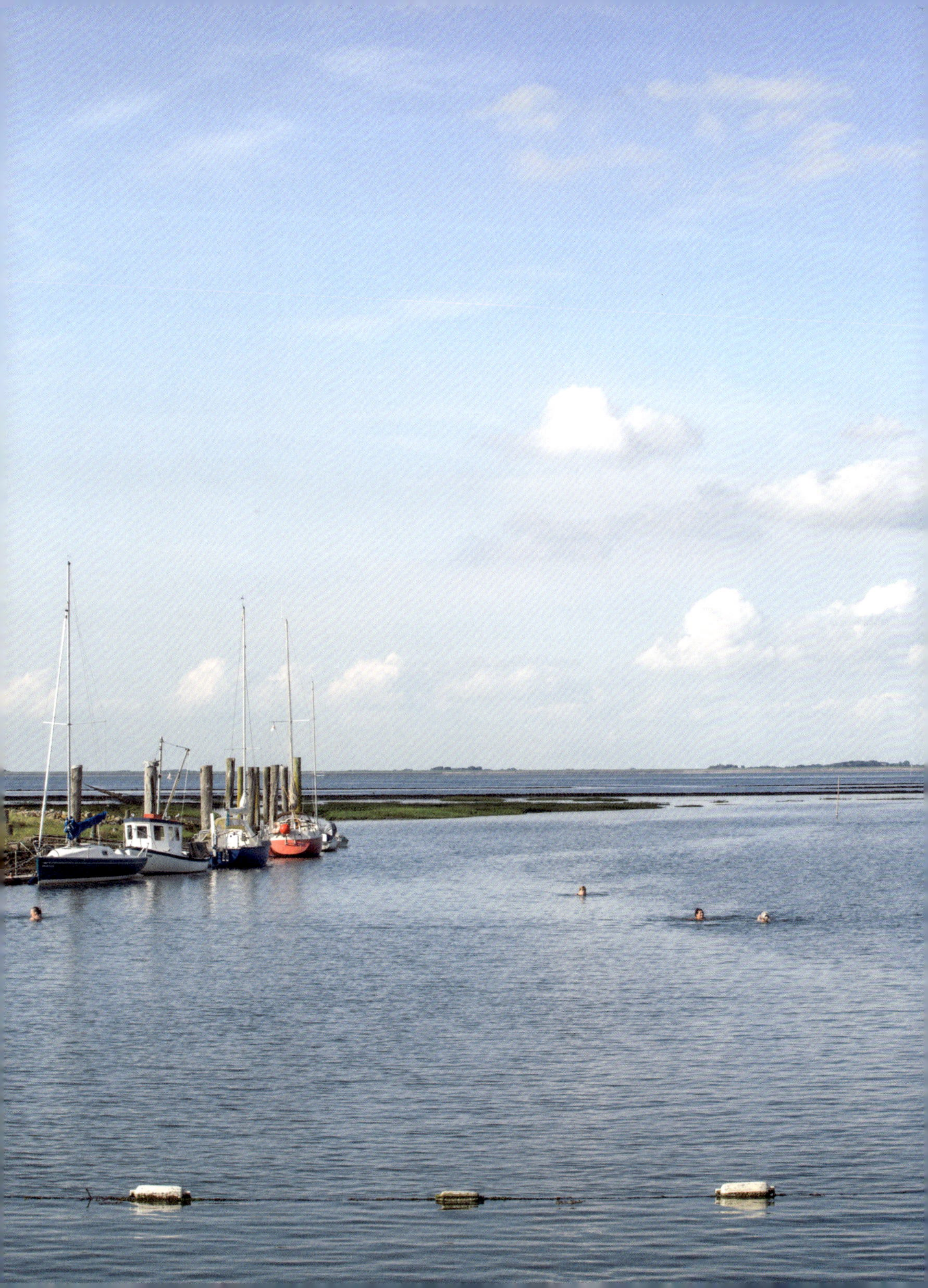

HAUS PETERS
MUSEUM UND KAUFMANNSLADEN

Dörpstraat 16, 25882 Tetenbüll
04862 681
hauspeters.info

Das „Haus Peters" könnte Geschichten erzählen aus den letzten Jahrhunderten am Deich – und zwar von allem ein bisschen. Als Wohntrakt eines alten Haubargs 1760 erbaut, beherbergt es heute in der unteren Etage einen Kolonialwarenladen, wie er bis 1924 von der Familie Peters betrieben wurde. Im Obergeschoss geben wechselnde Ausstellungen sowie Dauerexponate rund um die historische Landhökerei und Eiderstedt-Fotografien aus dem frühen 20. Jahrhundert Einblicke in alte Zeiten. Das einzigartige Horst-Janssen-Zimmer in der Giebelstube zeigt Original-Grafiken aus seiner „Eiderland-Mappe" und dem „Janssenhof".

FRIESISCHE SCHAFSKÄSEREI
KÄSEREI UND HOFLADEN

Schafskäse hat im Norden Tradition. Diese Tradition griff das Ehepaar Volquardsen auf und wandelte den elterlichen Rindermastbetrieb schrittweise zu einem ökologischen Milchschafhof mit Hofkäserei um, einem der letzten Höfe seiner Art in Schleswig-Holstein. Inzwischen wird die Milch von etwa 120 ostfriesischen Milchschafen zu Käse verarbeitet, der anschließend im 350 Jahre alten Gewölbekeller heranreift. Im Hofladen werden neben den Käsespezialitäten auch Lammfleisch und Lammwurst sowie Wolle und Felle verkauft. Von Mai bis Oktober finden außerdem mehrmals wöchentlich Führungen statt, die Einblicke in den Herstellungsprozess, Ökolandbau und Naturschutz geben. Inklusive Käse-Häppchen und Schafe streicheln.

Kirchdeich 8, 25882 Tetenbüll
04862 348
friesische-schaftskaeserei.de

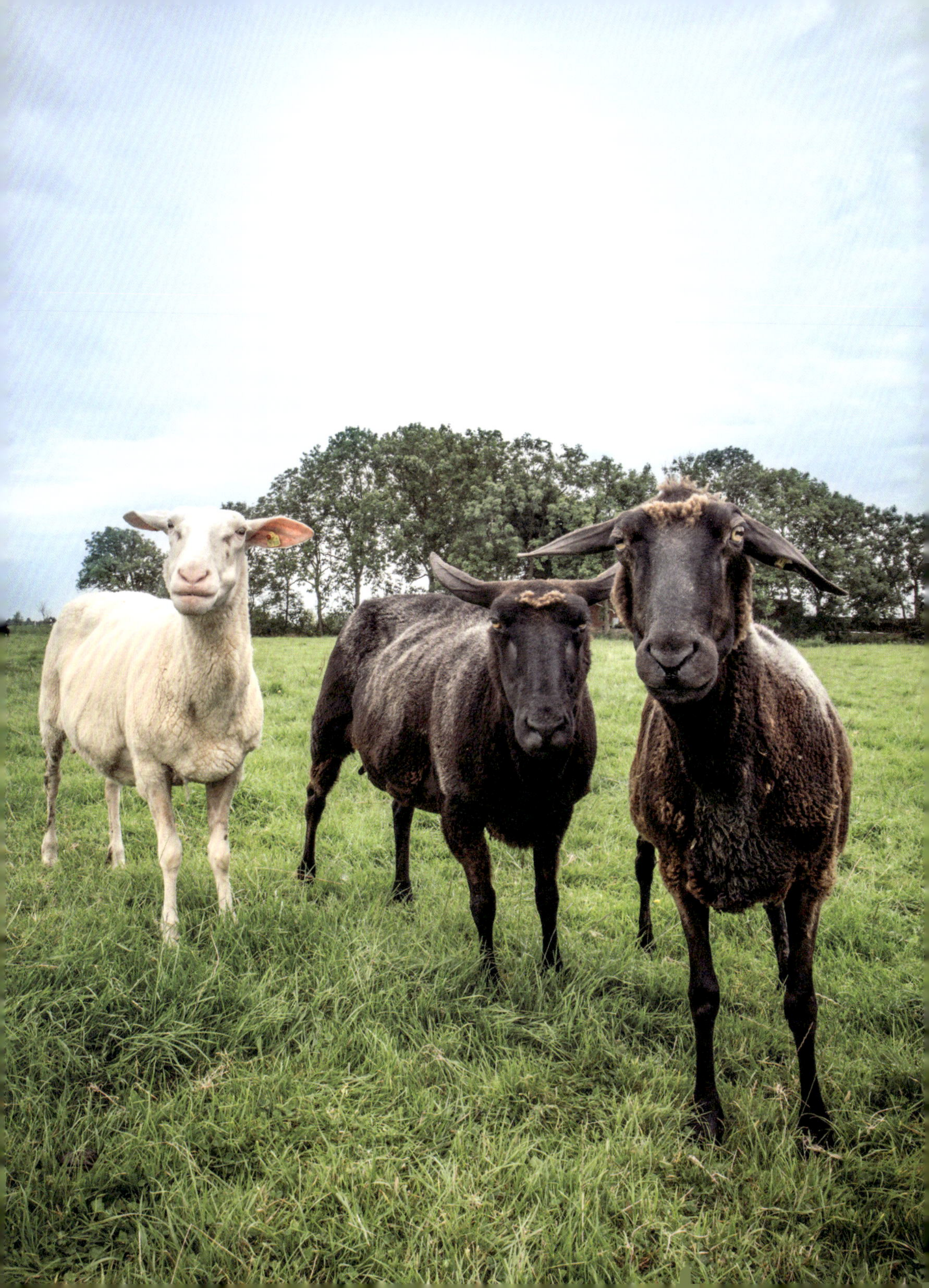

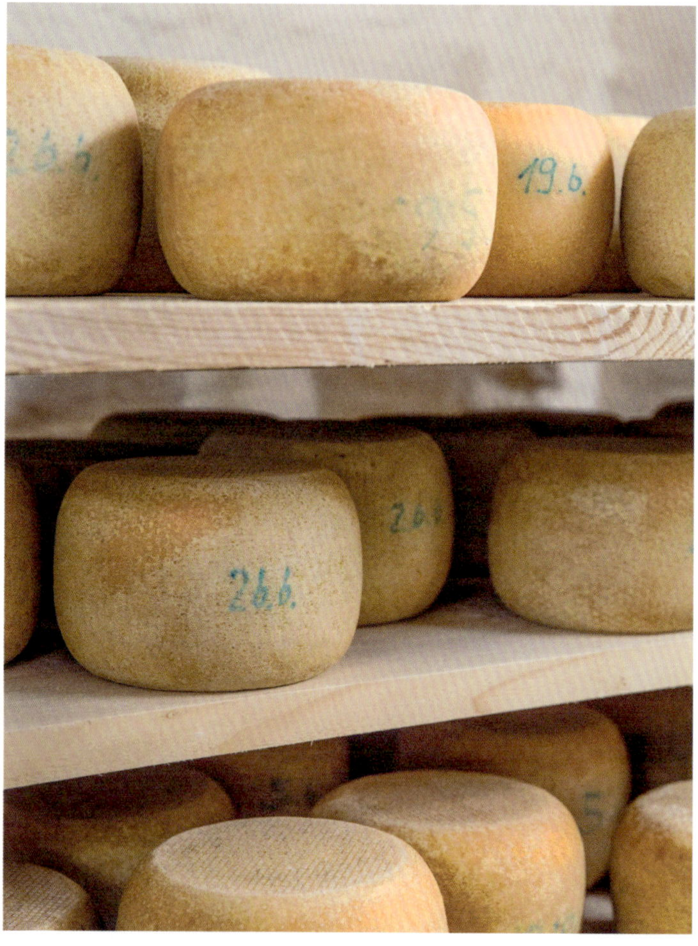
19.b.
26.b.

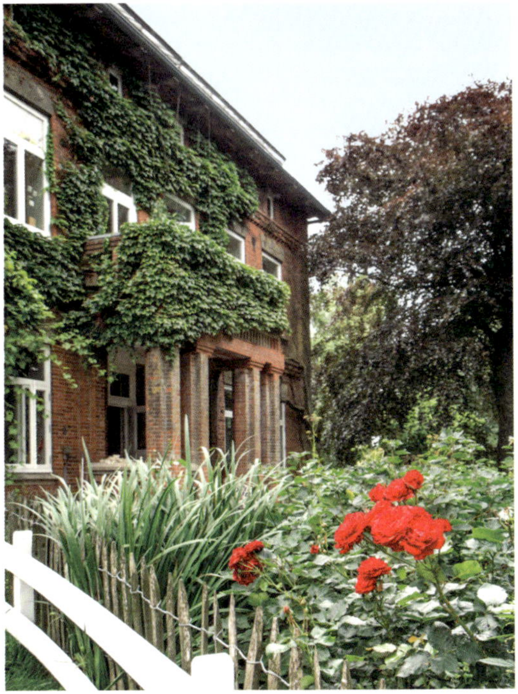

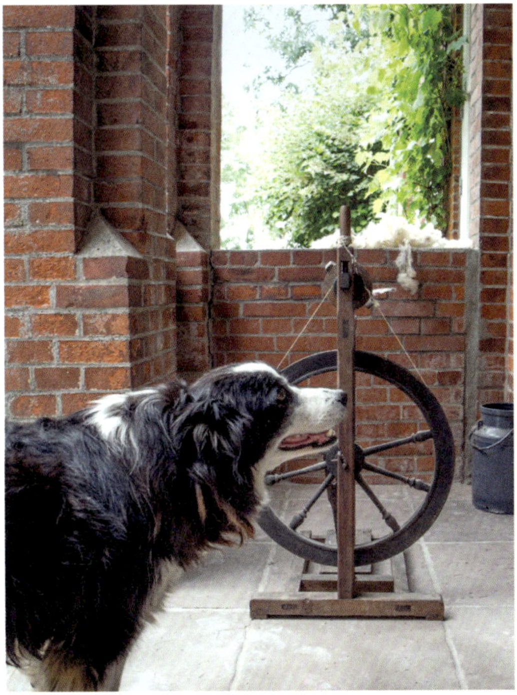

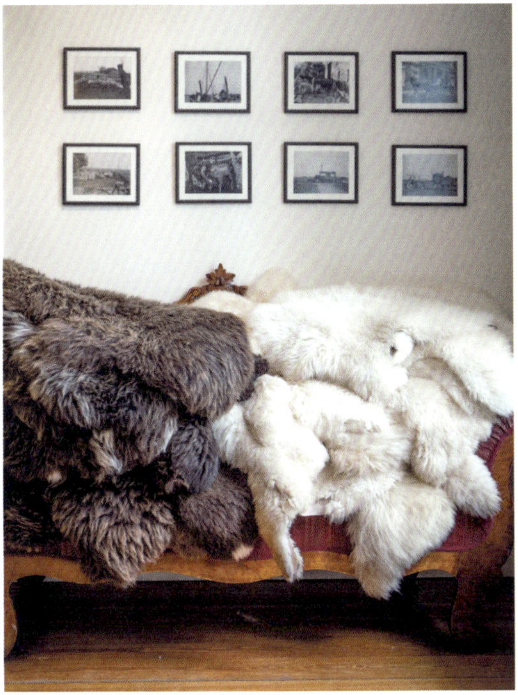

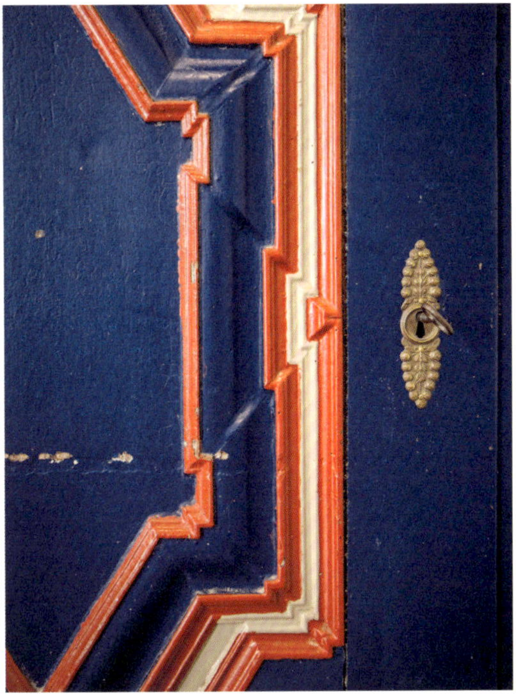

SPIESKOMMER
RESTAURANT UND BISTRO

Fisch in allen Variationen, vor allem auf die einheimische Art zubereitet: In der „Spieskommer" abseits vom Deich gibt es Krabben und Fisch. Einheimische und Gäste schwärmen gleichermaßen von diesem Fischrestaurant, das stets gut besucht ist und wo man vor allem in den Sommermonaten besser vorher einen Platz reserviert. Die Scholle kommt herrlich knusprig auf den Tisch und die Krabbenportionen sind üppig. Die „Spieskommer" ist schlicht und gemütlich eingerichtet und bietet einen netten Außenbereich mit Blick auf den Deich.

Everschoper Straße 1, 25882 Tetenbüll
04865 901290
spieskommer-tetenbuell.de

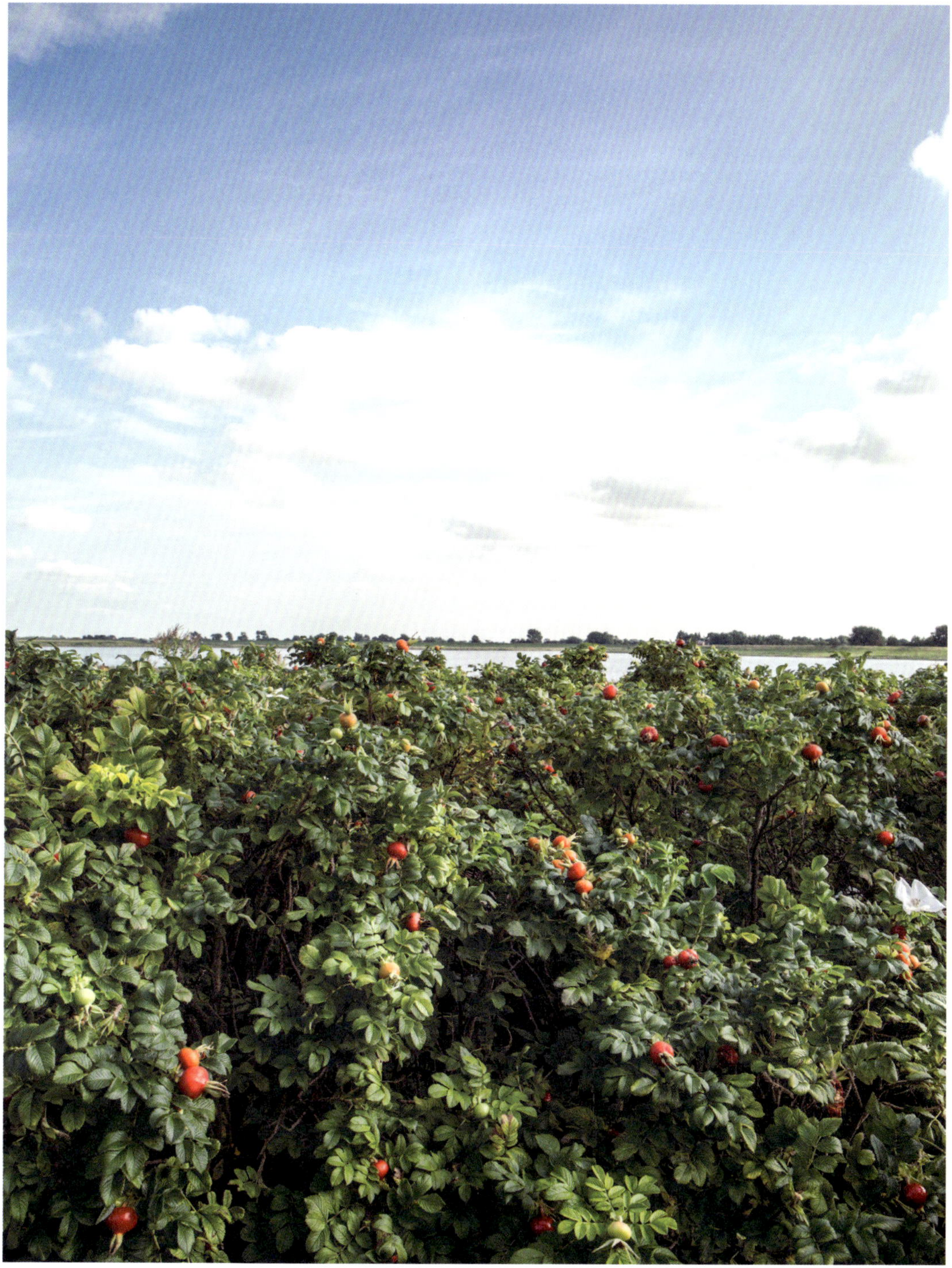

TÖNNING
STADT

Tönning ist ein malerisches Hafenstädtchen an der Eider und nah an deren Mündung in die Nordsee gelegen. Tönnings Blütezeit begann mit Einwanderern aus den Niederlanden, die für einen wirtschaftlichen Aufschwung in den Dreilanden sorgten. Bis Ende des 19. Jahrhunderts war deshalb der Hafen von besonders großer Bedeutung. Noch im 17. Jahrhundert liefen jährlich rund 2.000 Schiffe voller Getreide, Vieh, Käse und Wolle durch. Heute befindet sich an dieser Stelle ein reiner Sportboot- und Freizeithafen, doch noch immer zeugen historische Gebäude und Anlagen von der einstigen Wichtigkeit. In der Altstadt finden sich viele alte Giebelhäuser, die den niederländischen Einfluss zeigen. Ebenfalls sehenswert ist die mittelalterliche St.-Laurentius-Kirche mit ihrem schon von Weitem erkennbaren Barockturm.

25832 Tönning
toenning.de

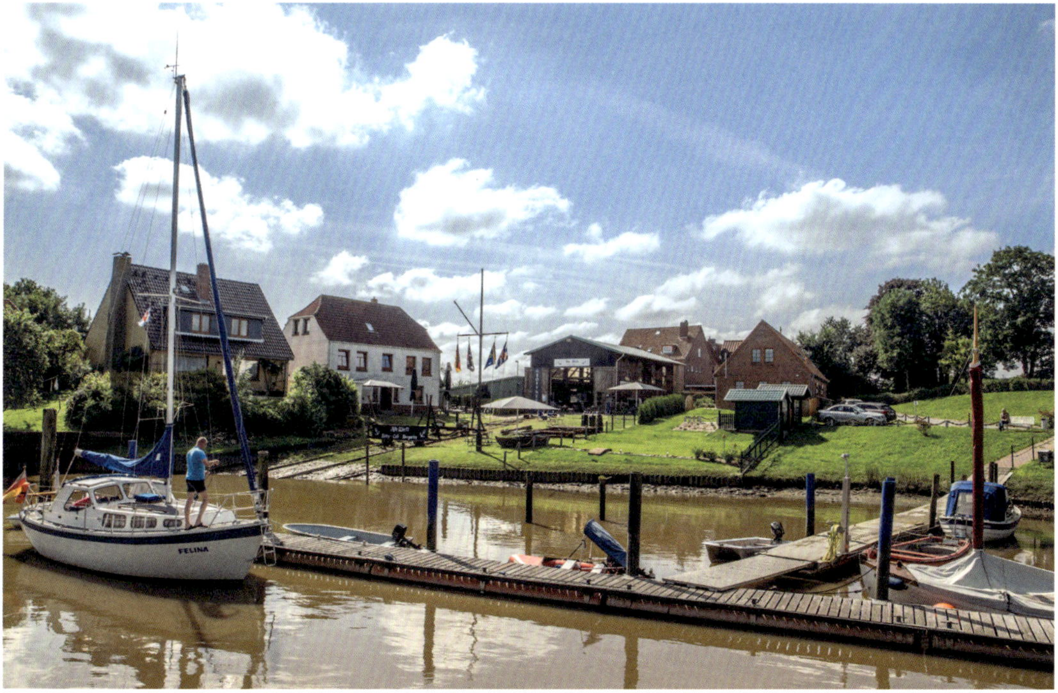
FELINA

ALTE WERFT
CAFÉ

Am Eiderdeich 19,
25832 Tönning

375 Jahre lang wurden hier in den Hallen der Holzbootwerft Dawartz Schiffe gebaut. Kleine Boote, Ewer und auch der als Eiderschnigge bekannt gewordene Frachtsegler des Eidergebiets liefen hier im 18. und 19. Jahrhundert vom Stapel. Der ursprüngliche Werft-Charakter mitsamt Bootshalle blieb mit dem Besitzerwechsel 2017 erhalten. Zwischen Schiffsplanken, Tauen und Hobelbänken sitzt man heute gemütlich bei Café und Bier. Die alte Slipanlage an der Eider, wo einst die regional typischen Eiderschniggen zu Wasser gelassen wurden, ist mit Holztischen gesäumt.

ALTE FISCHEREIGENOSSENSCHAFT/KFT
FISCHHANDEL UND BISTRO

Nordsee-Krabben und Fisch aus allen Weltmeeren hat die KFT, die Krabben & Fisch Tönning, im Angebot. Stilecht in den Räumen der 1946 gegründeten Fischereigenossenschaft Tönning untergebracht, wird der in heimischen Gefilden geangelte Fisch in der hauseigenen Räucherei im Altonaer Ofen auf Buchenholz aufbereitet. Die „Alte Fischereigenossenschaft" mutet nur von außen historisch an, innen ist alles modernisiert worden. Fisch und Krabben sind zwar im Internet bestellbar. Doch nur der Besuch vor Ort garantiert vollen Genuss: Man kommt schnell ins Schnacken mit Einheimischen, die den Fischhandel ebenso schätzen.

Am Eiderdeich 12, 25832 Tönning
04861 96160
krabbenundfisch.de

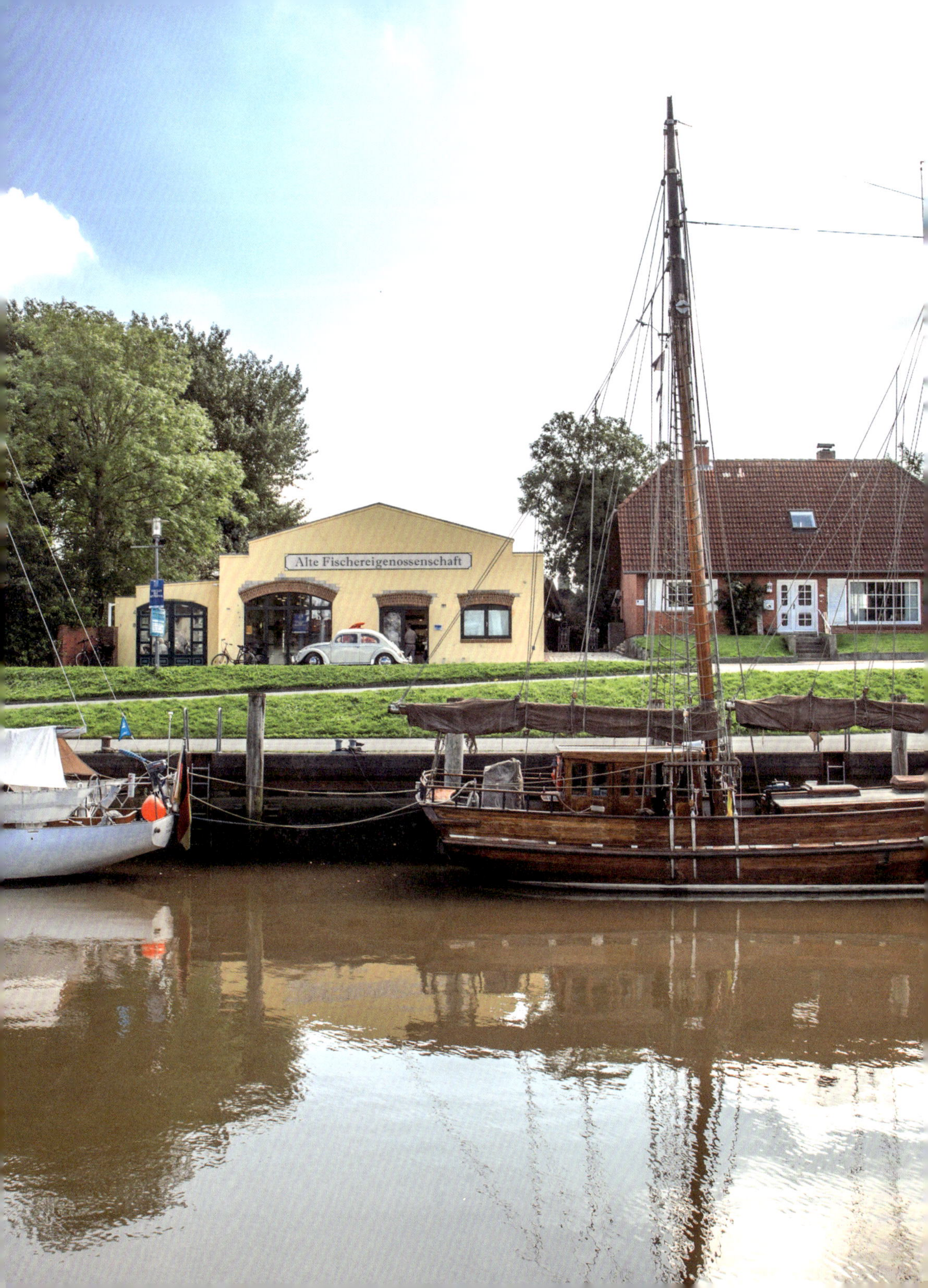
Alte Fischereigenossenschaft

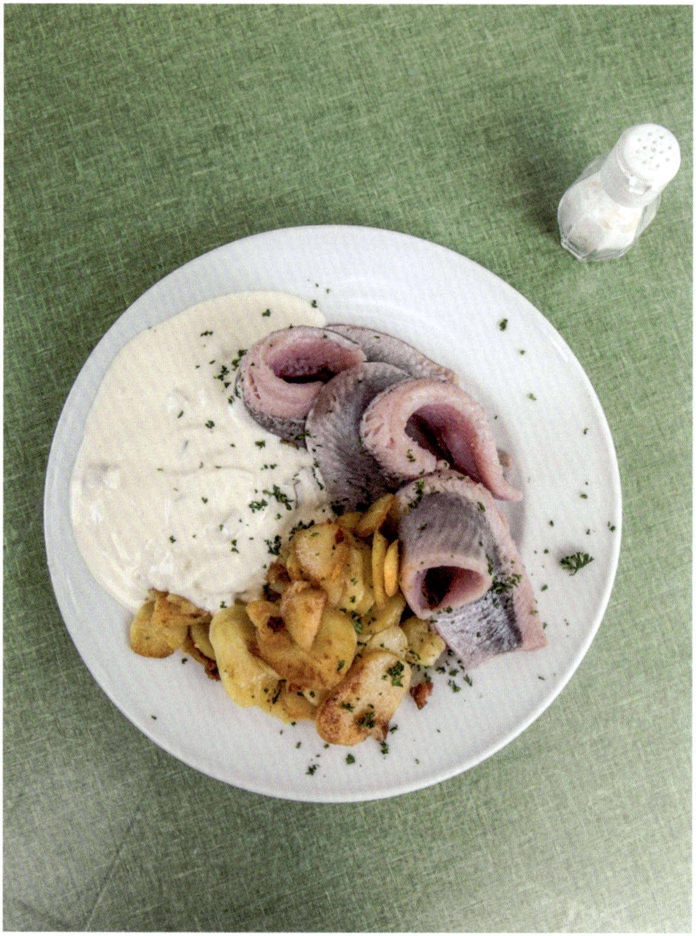

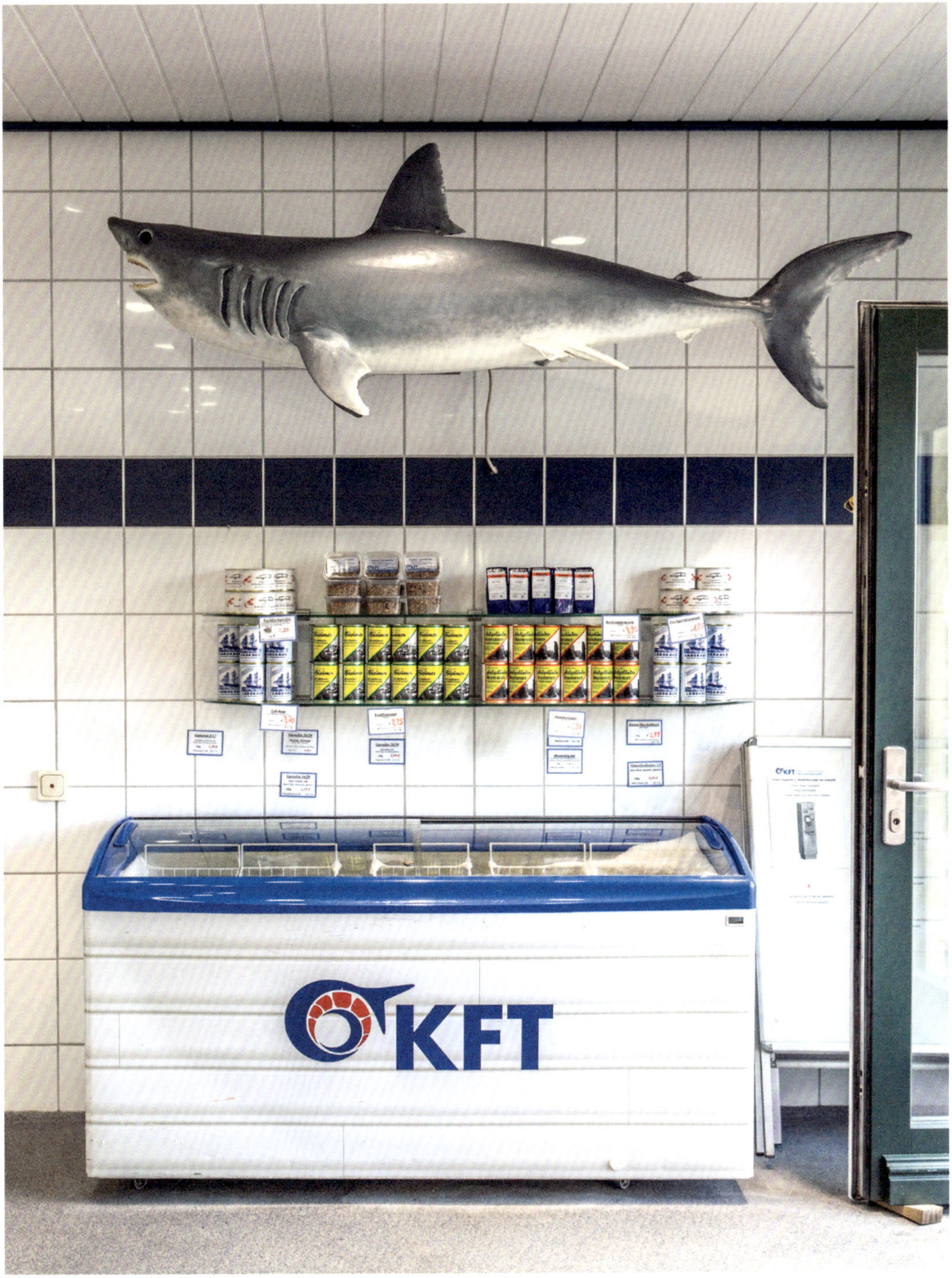
KFT

BADESTELLE TÖNNING
GRÜNSTRAND

Wenn die Flut die Eider auffüllt, empfiehlt sich ein Sprung ins Wasser an der Badestelle Tönning. Über einen Badesteg ist das Wasser gut zu erreichen. Der Grünstrand mit kleiner Sandstelle bietet dazu Annehmlichkeiten wie Kiosk und Toiletten. Ein Beachvolleyballfeld und ein großer Kinderspielplatz laden zum Spielen ein und erleichtern das Warten auf die Flut während der Ebbe. In den Sommermonaten bietet ein kleiner Strandwagen eine idyllische Möglichkeit zum Übernachten.

Strandweg, 25832 Tönning

Zum Badestrand

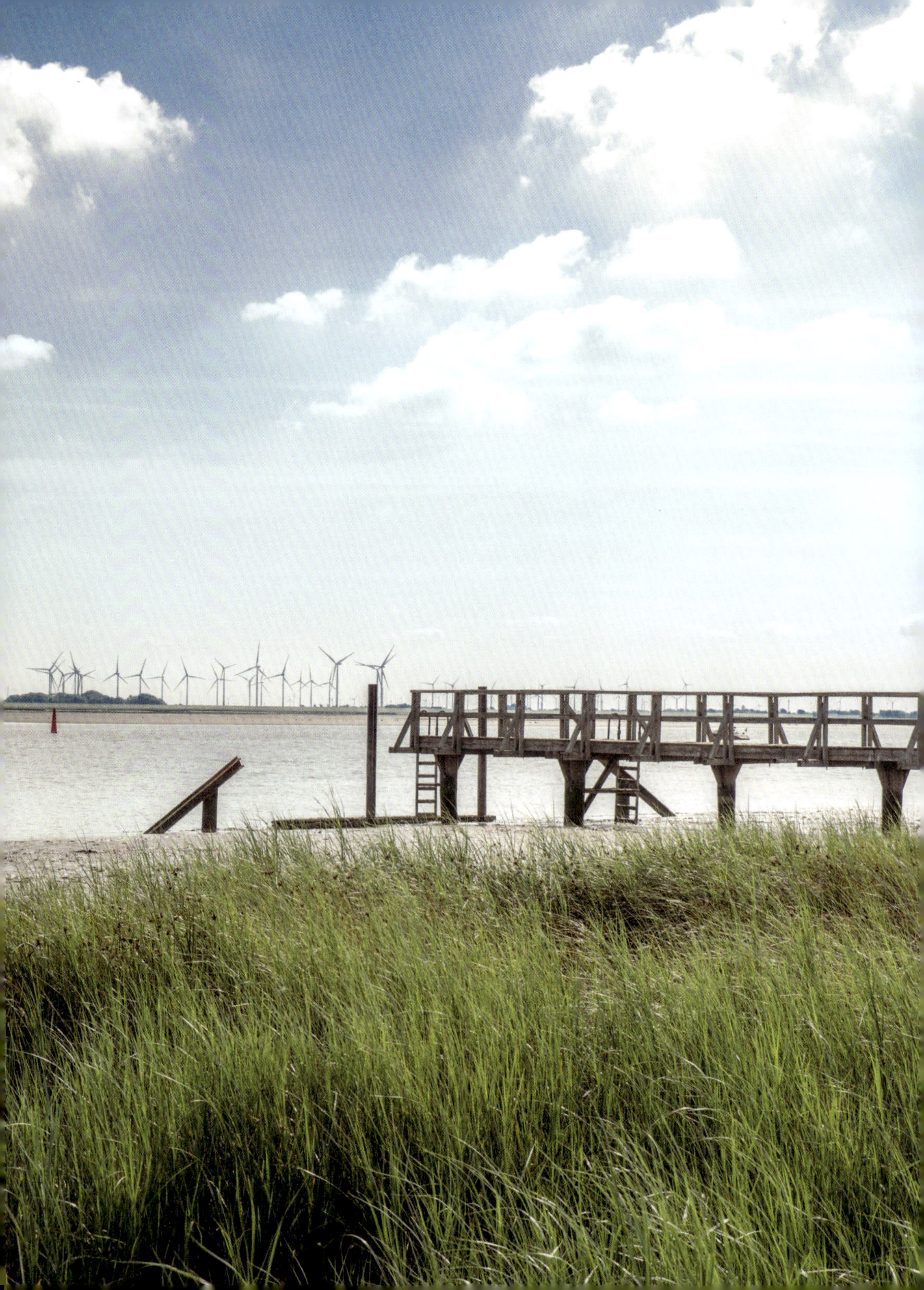

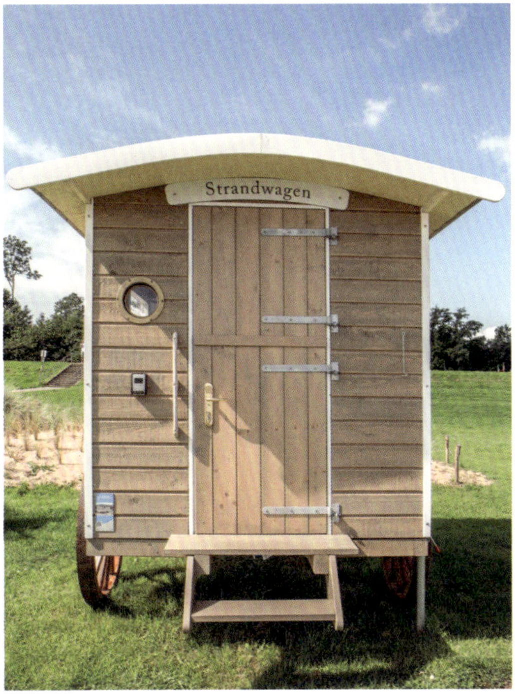
Strandwagen

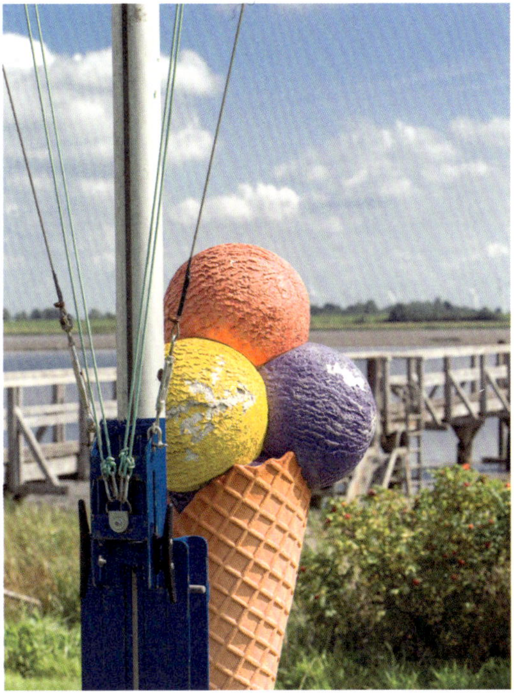

HERRENHAUS HOYERSWORT
CAFÉ UND RESTAURANT

25870 Oldenswort
04864 2039838
hoyerswort.de

Der einstige Adelssitz ist noch heute einer der schönsten Renaissancebauten Schleswig-Holsteins. Das Herrenhaus wurde im 16. Jahrhundert als zweiflügeliger Bau mit einem achteckigen Treppenturm auf einer wohl schon zur römischen Kaiserzeit bewohnten Warft gebaut. Seither ist es ziemlich unverändert geblieben. Heute beherbergt es ein Museum, ein kleines Café mit leckeren Kuchen und eine Töpferei. Umgeben von einem doppelten Wassergraben und einem 5.500 Quadratmeter großen Grundstück mit Skulpturenpark.

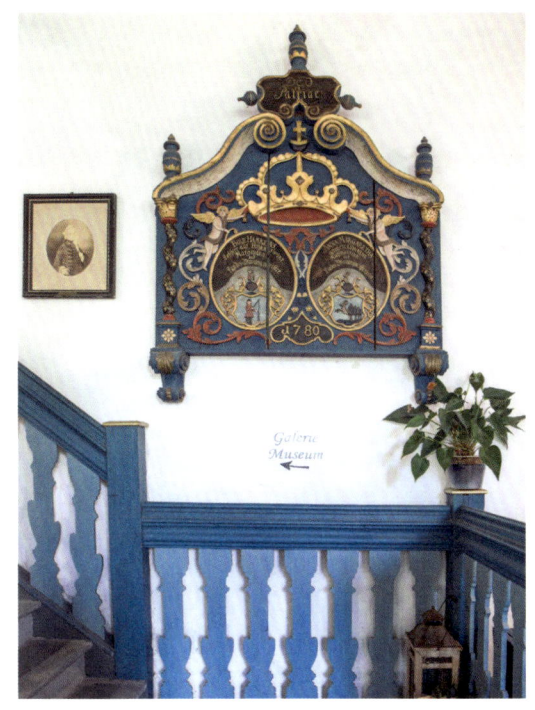

DER ROTE HAUBARG
RESTAURANT UND MUSEUM

Sand 5, 25889 Witzwort
04864 845
roterhaubarg.de

„Der Rote Haubarg" ist gar nicht rot, sondern weiß. Woher der Name stammt, ist ein Geheimnis. Die besondere Bauweise der Haubarge, riesiger Bauernhäuser, wurde von den Holländern zwischen dem 15. und 17. Jahrhundert nach Eiderstedt gebracht. Heute gibt es hier nur noch wenige dieser Höfe. „Der Rote Haubarg" ist als einziger zugänglich für die Öffentlichkeit und hat seine besondere Sage, wonach der Teufel das Gebäude – im Tausch gegen die Seele eines jungen verliebten Mannes – in nur einer Nacht gebaut haben soll. Die Geschichte ging gut aus, und sehr gut ist hier auch das Essen: Die Küche ist regional geprägt und serviert hervorragende traditionelle Gerichte. Angeschlossen ist ein kleines Museum, das über das Leben auf dem Haubarg informiert und landwirtschaftliche Maschinen und Geräte aus den letzten Jahrhunderten zeigt.

NORDFRIESLAND

Nordfriesland in einem Wort: Weite. Hier liegt der Horizont hinter Strand und Meer oder hinter saftig-grünen Landschaften. Unterbrochen wird der Blick nur von markanten Leuchttürmen an der Küste oder von Windrädern. Seit den Neunzigerjahren ist Nordfriesland Windland. Und während Skeptiker von einer „Verspargelung" der Landschaft sprechen, sagen Befürworter der Windkraftanlagen lieber, dass die Bauern nun eben auch Wind ernten können.

Besucher kommen in die Küstenregion, um hier durchzuatmen. Sie kommen aber auch für das Weltnaturerbe der UNESCO: das Wattenmeer. Der Nationalpark Schleswig-Holsteinisches Wattenmeer ist 4.410 Quadratkilometer groß und die Heimat von 10.000 Tier- und Pflanzenarten. Nicht nur die Seehunde und Robben lieben die Sandstrände Nordfrieslands. Die Region ist perfekt für relaxte Nachmittage im Strandkorb oder aktive Tage auf dem Surfbrett. Mit gleich fünf traditionell im Kreisgebiet gesprochenen Sprachen (Deutsch, Plattdeutsch, Dänisch, Südjütisch und Nordfriesisch) ist hier der sprachenreichste Kreis Deutschlands. Wichtige Orte sind Husum, Friedrichstadt und die Luftkurorte Bredstedt, Leck und Niebüll.

NORDFRIESLAND

1 Friedrichstadt | Stadt   *136*
  Holländische Stube | Restaurant   *138*
  Hotel Herzog Friedrich | Hotel   *142*
2 Treene | Fluss   *146*
3 Husum | Stadt   *148*
  Altes Gymnasium | Hotel   *150*
  MS Nordertor | Reastaurantschiff   *154*
  Schloss vor Husum | Sehenswürdigkeit   *156*
4 Antiquitäten | Antiquitätenladen Horst Marquardsen
  und Straßenflohmarkt   *158*
5 Hallig-Krog | Restaurant   *160*
6 Harmschool | Ferienwohnung   *164*
7 Leuchtturmhotel Dagebüll | Hotel   *168*
8 Hilligenbohl | Ferienwohnung   *170*

PELLWORM

HUSUM
⊙ 3

FRIEDRICHSTADT
⊙ 1

⊙ 2

⊙ 4

⊙ 6

5

135

FRIEDRICHSTADT
STADT

Wo die Flüsse Treene und Eider zusammenfließen, gründete Herzog Friedrich III. im 17. Jahrhundert die nach ihm benannte Stadt. Und obwohl der Name egozentrisch klingt, dachte der Herrscher auch großzügig an seine Bürger. Er bot den in den Niederlanden verfolgten Religionsgruppen einen sicheren und zudem überaus hübschen Wohnort. Noch heute feiern in Friedrichstadt fünf verschiedene Glaubensgemeinschaften ihre Gottesdienste: Remonstranten, Lutheraner, Mennoniten, Katholiken und dänische Lutheraner. Friedrichstadt ist nicht nur tolerant, sondern auch idyllisch: Die Giebelhäuser und Grachten in der Stadt sorgen für die Beinamen „Klein-Amsterdam" oder „Holländerstadt".

25840 Friedrichstadt
friedrichstadt.de

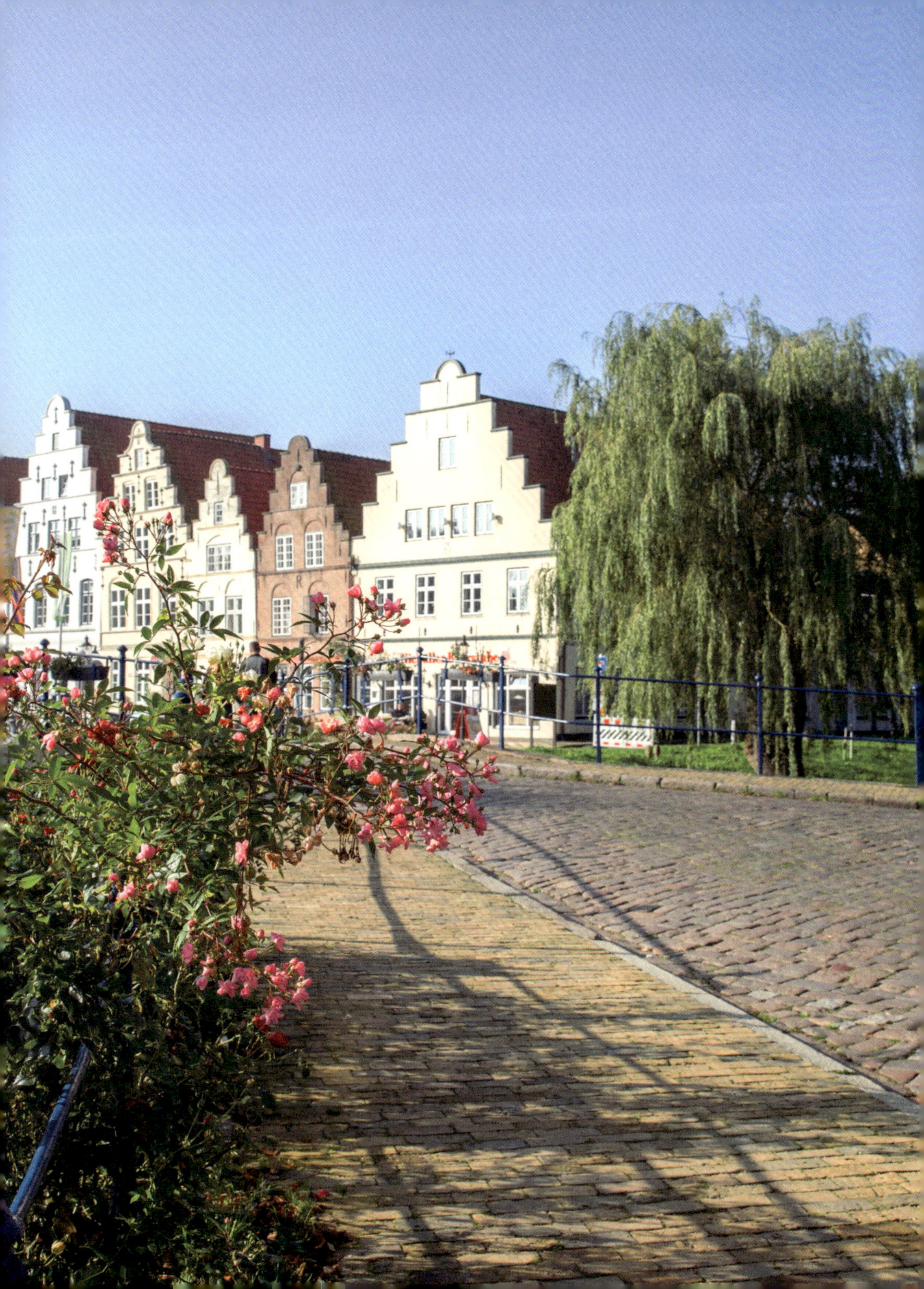

HOLLÄNDISCHE STUBE
RESTAURANT

Eine Brücke vom Marktplatz entfernt befindet sich das historische Restaurant „Holländische Stube". Der Biergarten des Traditionshauses liegt direkt am Mittelburggraben. Man kann vom Strandkorb aus den Blick aufs Wasser genießen. In dem ehemaligen Kaufmannshaus wird klassische Kost mit modernem Einfluss serviert: Fisch und Fleisch aus der Region stehen genauso auf der Karte wie eine Pannacotta mit Rote-Bete-Sauce als Dessert.

Am Mittelburgwall 24–26, 25840 Friedrichstadt
04881 93900
hollaendischestube.de

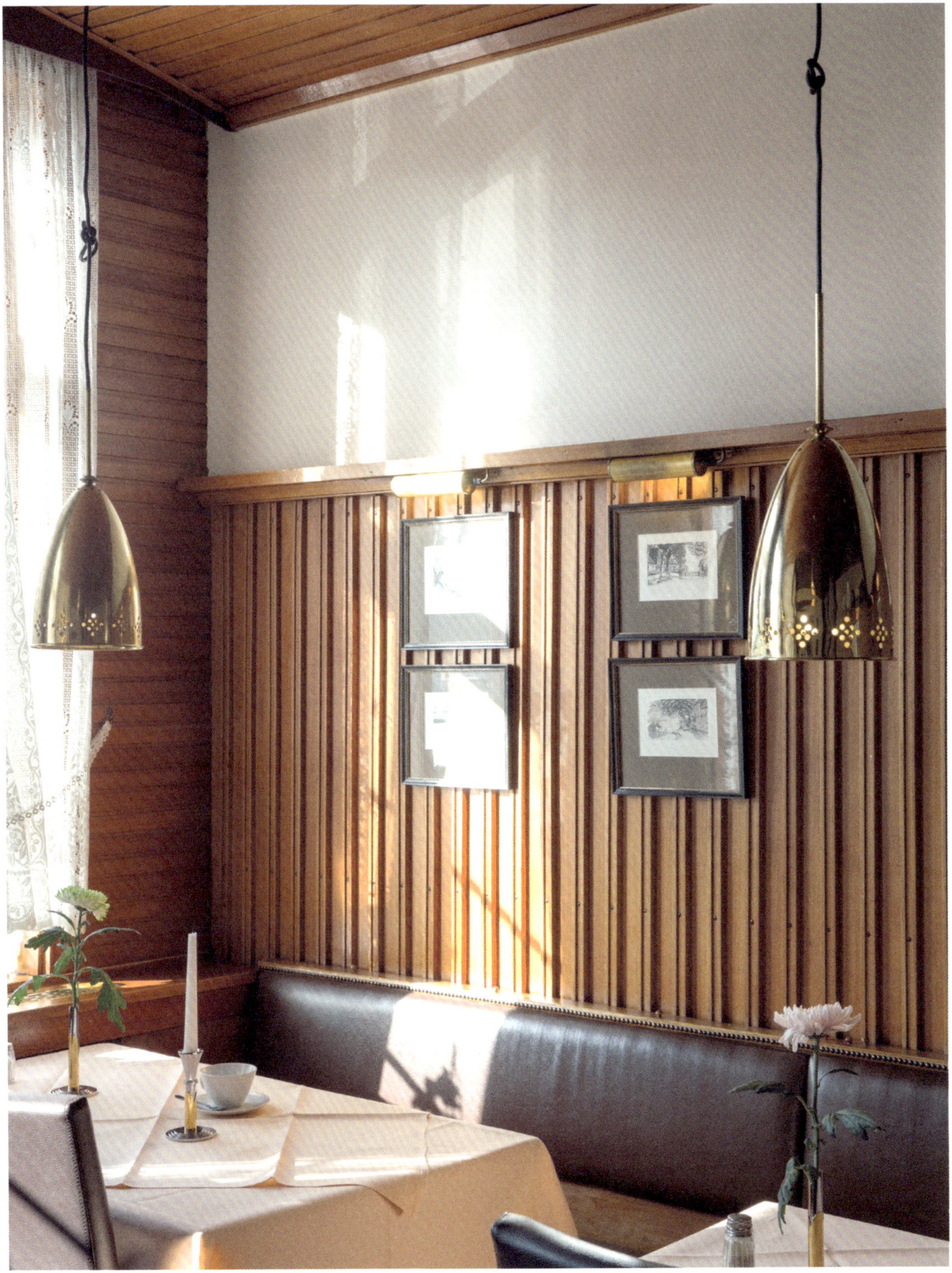

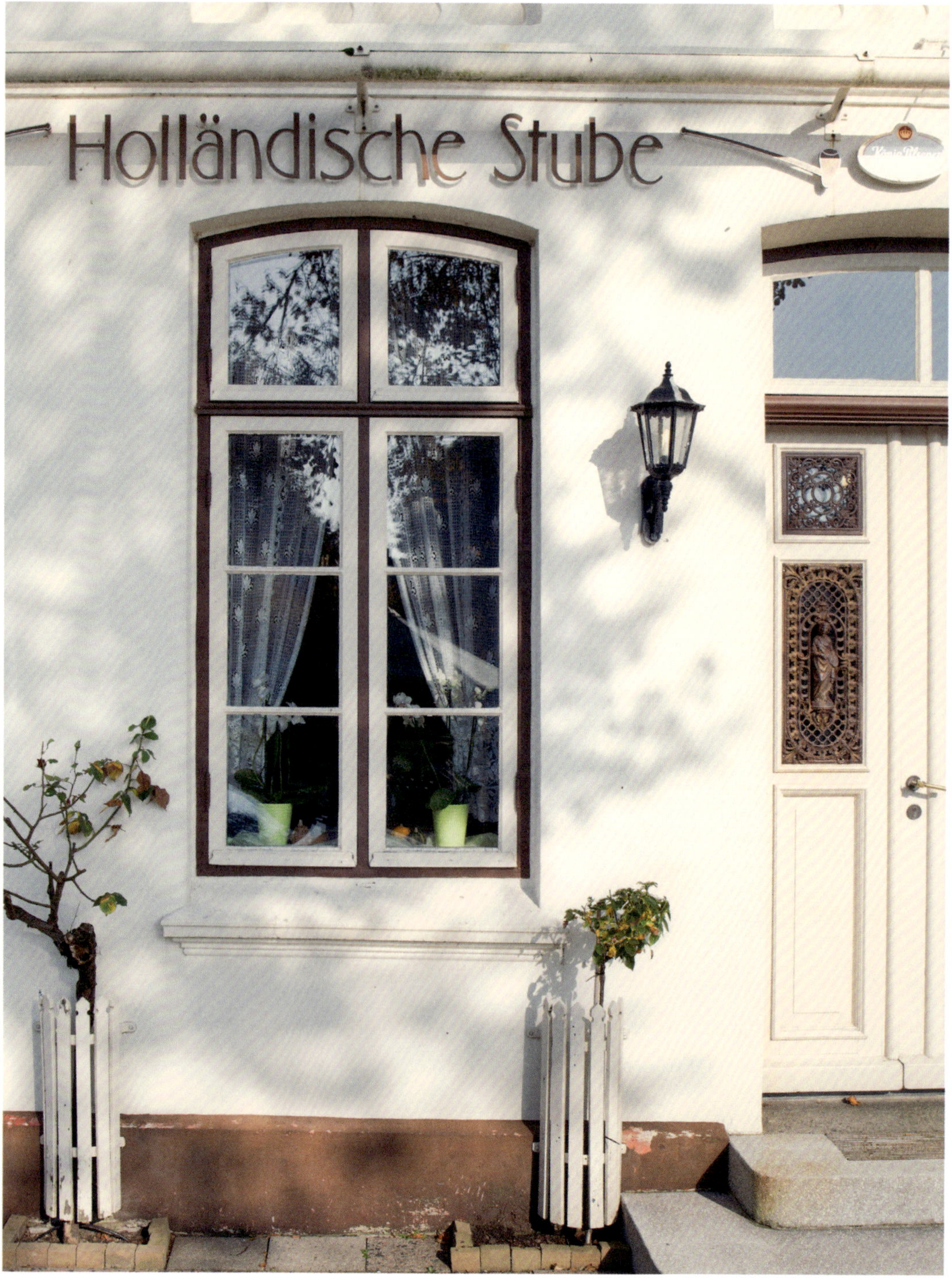
Holländische Stube

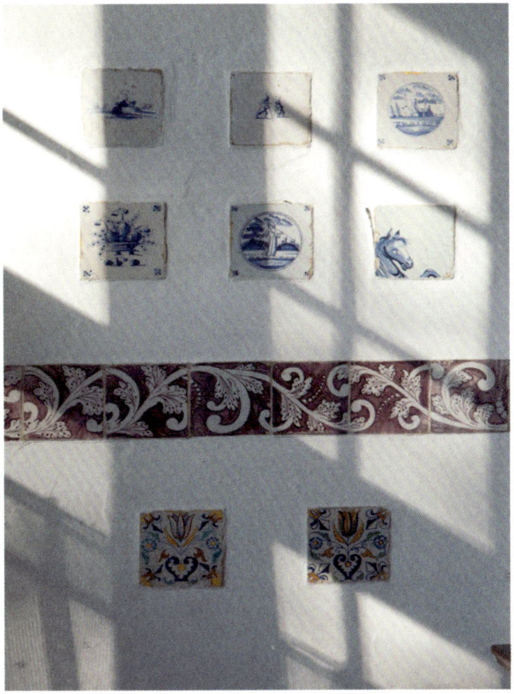

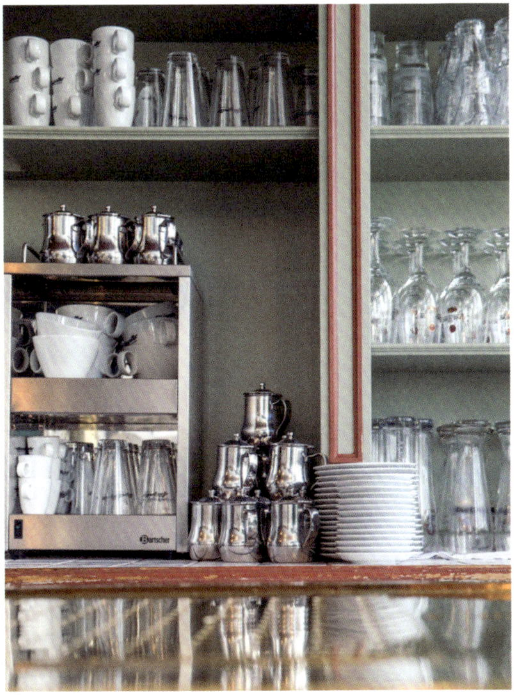
Bartscher

HOTEL HERZOG FRIEDRICH
HOTEL

Das kleine Hotel „Herzog Friedrich" im Landhausstil setzt auf Entschleunigung. Die 14 Doppelzimmer sind alle individuell gestaltet und liebevoll mit Antiquitäten ausgestattet, die typisch für die kleinen Friedrichstädter Stadthäuser sind. Am erholsamsten ist ein Nachmittag im Innenhof, der in ein verwunschenes Gartenparadies verwandelt wurde. Hier können die Gäste windgeschützt die Sonnenstrahlen genießen, lesen, dösen oder die kleinen Schätze in den Ecken und Beeten bewundern.

Schmiedestraße 11a, 25840 Friedrichstadt
04881 1771
herzog-friedrich.de

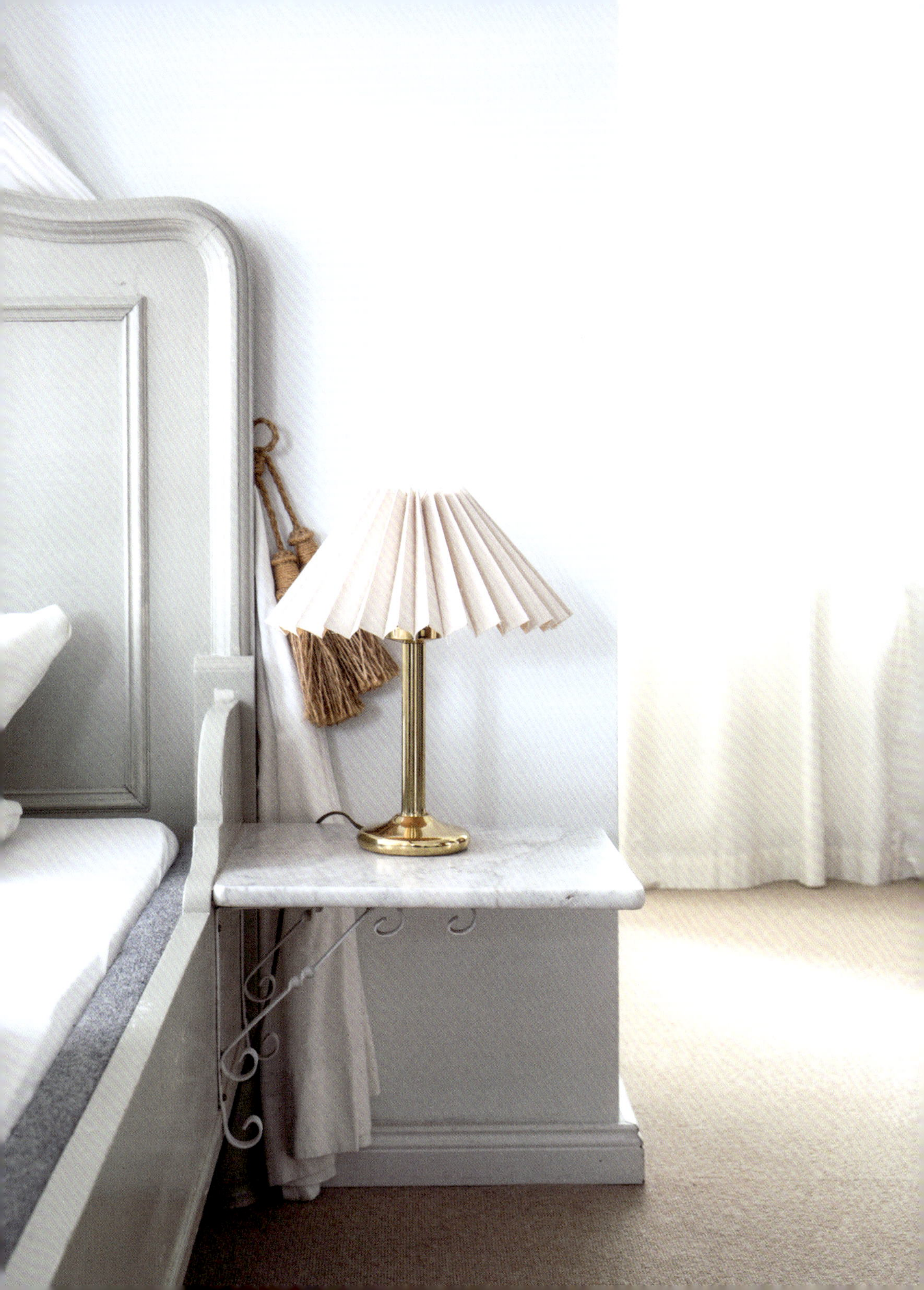

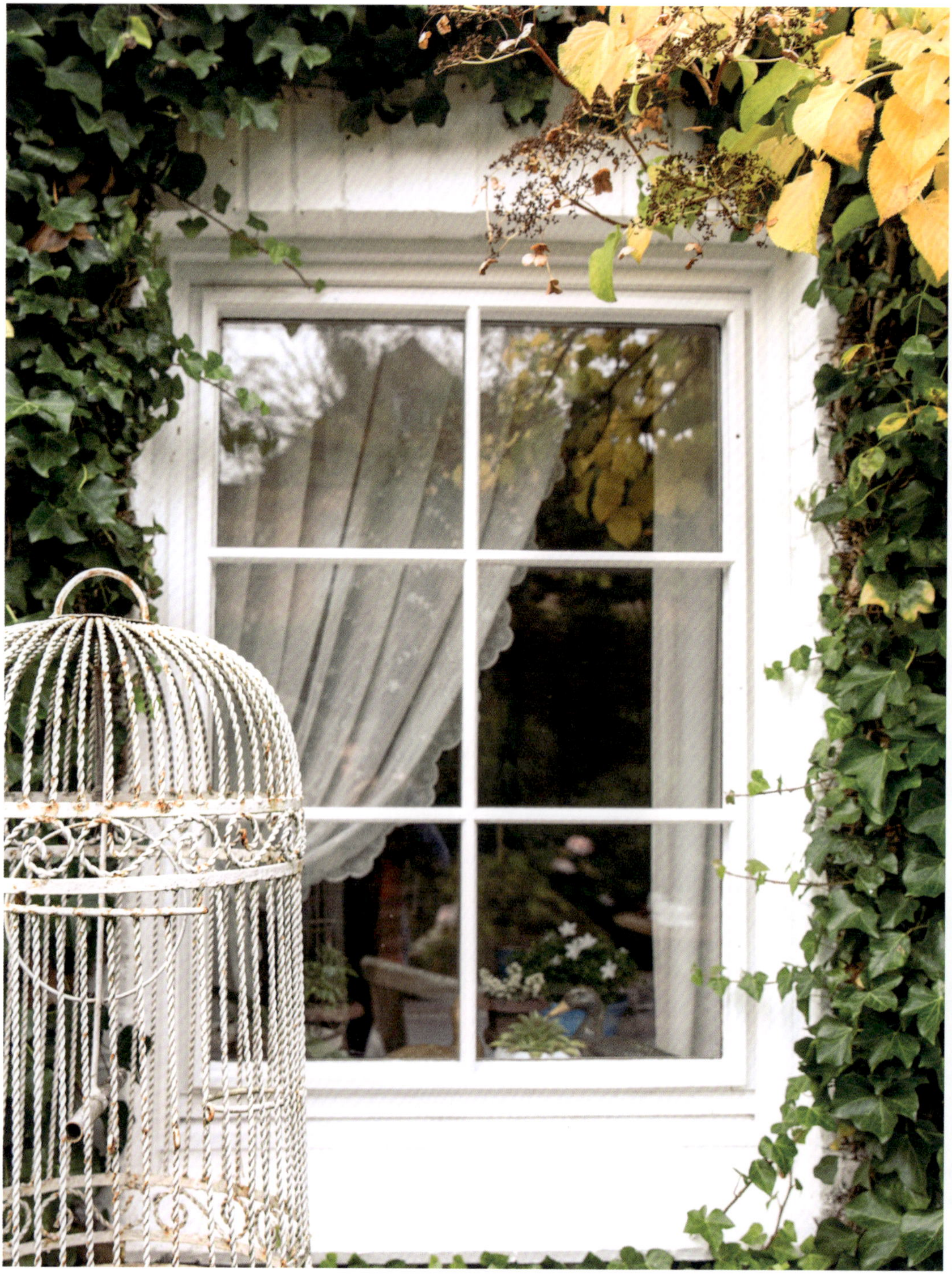

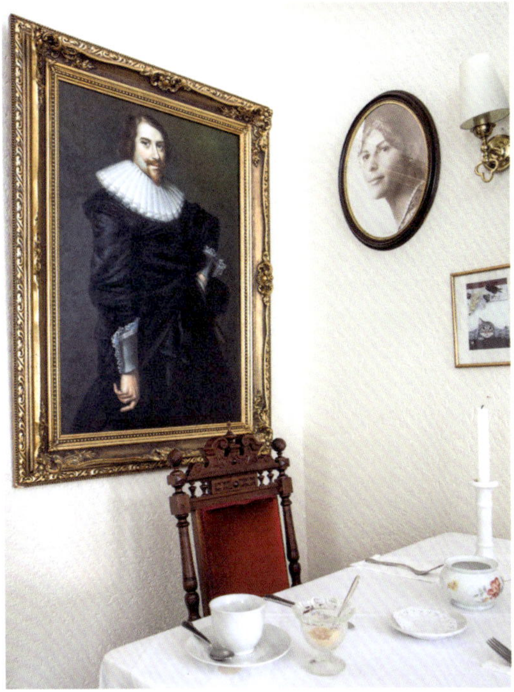

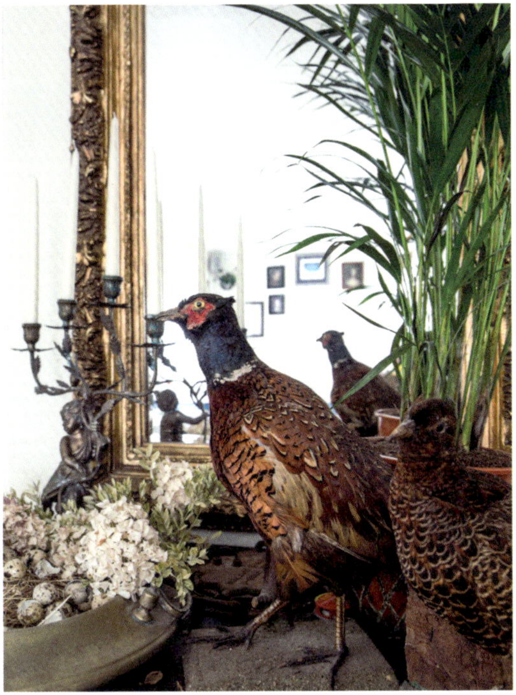

TREENE
FLUSS

Wenn die Treene bei Friedrichstadt in die Eider mündet, hat sie bereits rund 80 Kilometer Flusslauf vom Treßsee im Norden hinter sich. An manchen nördlichen Uferstellen leben seltene Tierarten wie Kammmolche und Neunaugen. An anderen werden ab dem Ort Langstedt Kanus zu Wasser gelassen. Bei Friedrichstadt schließlich können Angler auf verschiedene Fischarten wie Bach- und Meerforelle, Weißfisch oder Zander hoffen. Die Treene ist für Menschen und Tiere ein Wohlfühlort: Sie gilt als einer der schönsten und saubersten Flüsse in Schleswig-Holsteins Norden und bietet eine abwechslungsreiche Uferlandschaft.

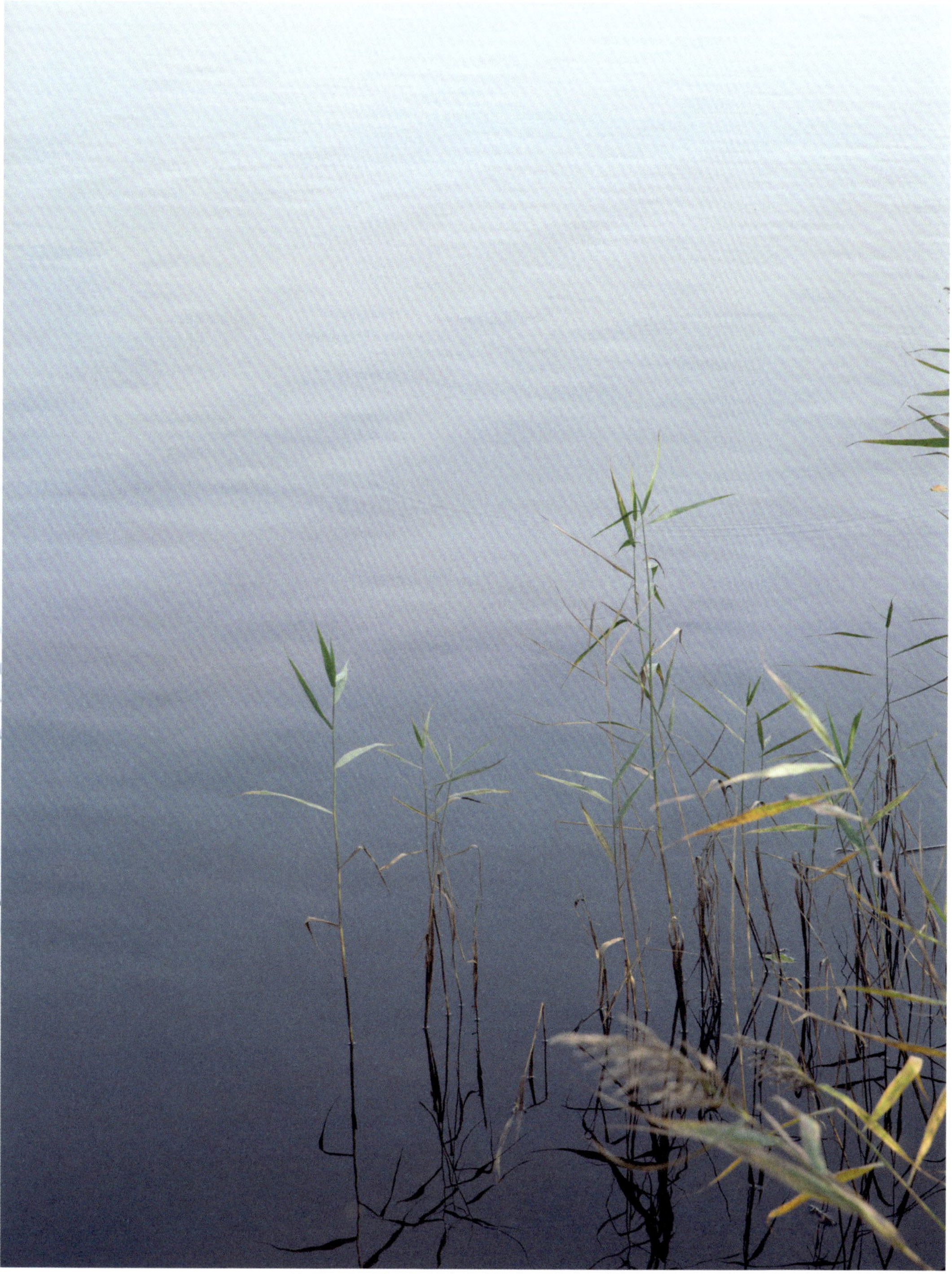

HUSUM
STADT

„Graue Stadt am Meer" ist nicht gerade ein charmanter Titel, den der Dichter Theodor Storm seiner Heimat im Gedicht „Die Stadt" verpasste. Heute bezeichnet sich Husum lieber als „bunte Stadt mit kurzen Wegen". Zu Recht, denn die Deich-Stadt mit knapp 23.000 Einwohnern ist das kulturelle und wirtschaftliche Zentrum Nordfrieslands. Ein Spaziergang führt vorbei an bunten Giebelhäusern in gepflasterten Gassen und zum Binnenhafen, dem touristischen Zentrum der Stadt. Die schmucke Hafenstraße versprüht maritimes Flair. Wenige Schritte weiter liegt der Marktplatz mit dem 1902 errichteten Tine-Brunnen im Schatten der Marienkirche. In den umliegenden Straßen gibt es zahlreiche Shopping-Gelegenheiten. Für Kulturfans bietet Husum Museen, Kunstobjekte und Veranstaltungen, während Naturliebhaber im Frühling die Blüte von Tausenden Krokussen im Schlosspark bewundern können.

25813 Husum
husum-tourismus.de

Husum
NN 0,0 PN

03.01.1976 - NN

16.02.1962 - NN
24.11.1981 - NN
03.02.1825 - NN

11.10.1634 - NN

ALTES GYMNASIUM
HOTEL

Süderstraße 2–10, 25813 Husum
04841 8330
geniesserhotel-altes-gymnasium.de

Wo früher Theodor Storm die Schulbank drückte, steht heute ein Luxushotel. Das gotische Bauwerk entstand Mitte des 19. Jahrhunderts und diente zunächst als Königlich Preußisches Gymnasium, später kam die Gelehrtenschule dazu. 1914 wurde es nach dem Reformator der Stadt in „Herrmann-Tast-Schule" umbenannt. In den Neunzigerjahren wurden die Klassenzimmer zu Suiten und die Turnhalle zum lichtdurchfluteten Schwimmbad umgebaut. Fein gespeist wird im Restaurant „Eucken", benannt nach dem Literatur-Nobelpreisträger Rudolf Eucken, der im „Alten Gymnasium" als Lehrer unterrichtete. In der Pauker-Lounge werden nach dem Dinner internationale Drinks serviert – für Hotelgäste und Husumer.

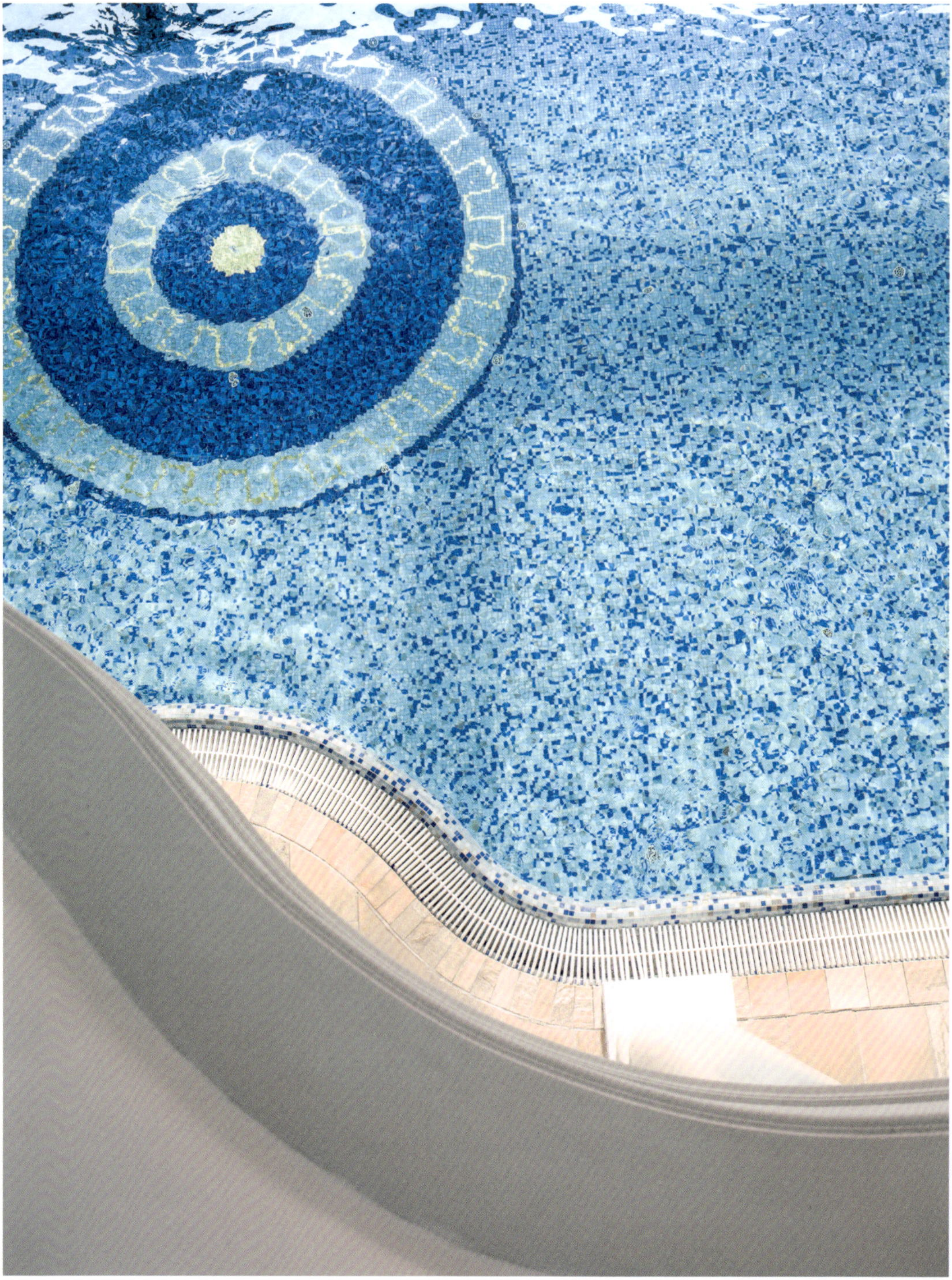

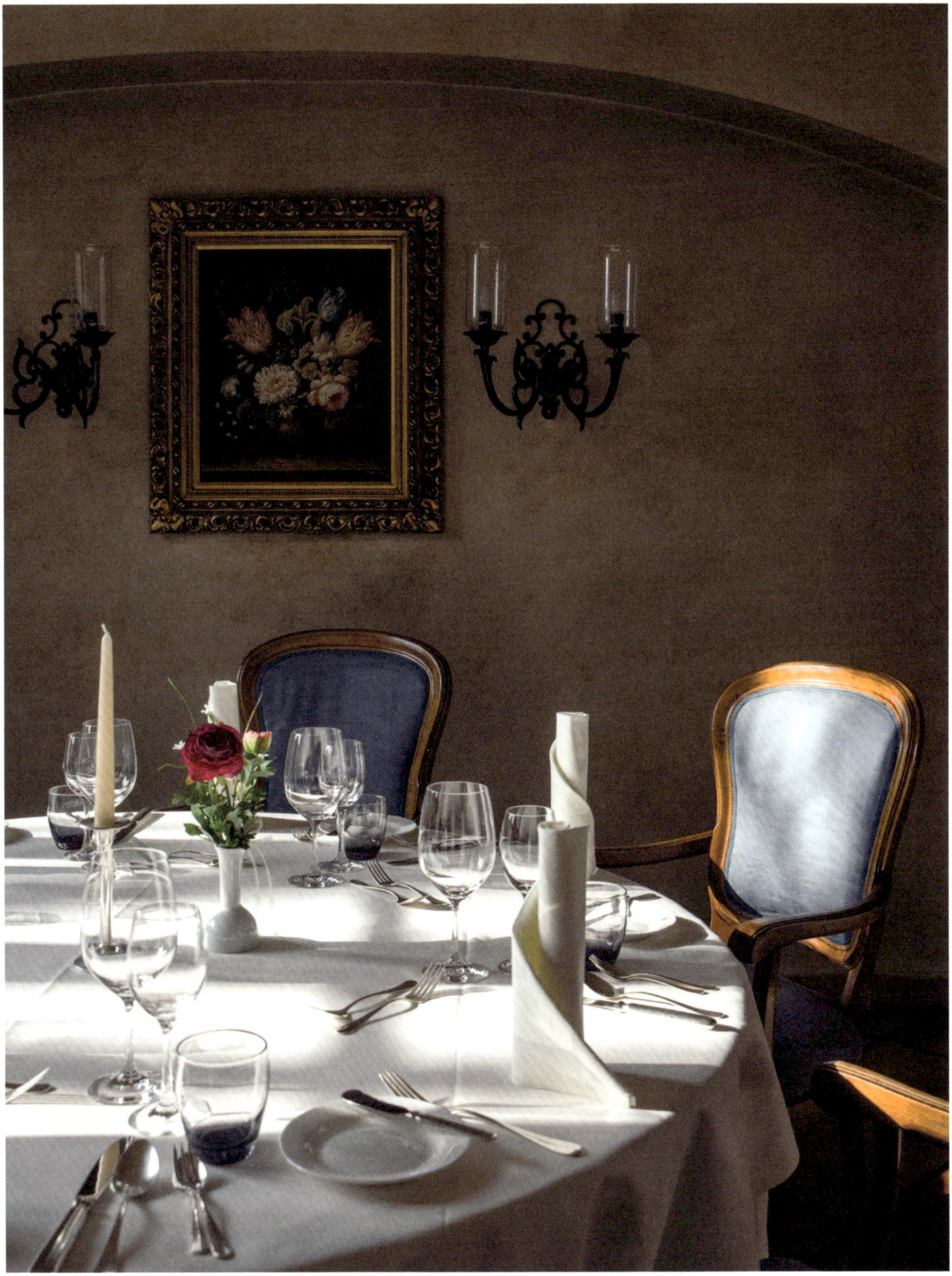

MS NORDERTOR
RESTAURANTSCHIFF

Hafenstraße/Binnenhafen, 25813 Husum
04841 779496
ms-nordertor.de

Nordsee-Feeling satt: Anker und Koordinaten auf den Gläsern und Tischdecken, dunkle Holzvertäfelung an den Wänden und dazu klassische Seemannskost aus dem Meer. Die 27 Meter lange „MS Nordertor" liegt direkt im Husumer Binnenhafen. Von Bord aus lässt sich wunderbar das Treiben an der Hafenpromenade verfolgen. Nachmittags gibt es Heißgetränke wie Pharisäer, „Tote Tante" und „Friesenliebe" zum Kuchen. Mit den hauseigenen nordischen Tapas-Häppchen „Nordipas" können sich Besucher häppchenweise an Fischgerichte wie Labskaus, Krabben und Hering herantasten. Und auch wenn die Kombüse gerade mal 3,4 Quadratmeter misst, werden auf dem Restaurantschiff auch große Fische und Fleischstücke serviert.

SCHLOSS VOR HUSUM
SEHENSWÜRDIGKEIT

Heute mittendrin, früher vor den Toren: Zur Zeit der Erbauung, 1577 bis 1582, stand das Schloss von Husum tatsächlich außerhalb der Stadtgrenzen. Husum ist mit der Zeit quasi drum herum gewachsen, Hafen und Einkaufsstraßen sind fußläufig zu erreichen. Das für Herzog Adolf von Schleswig-Holstein-Gottorf errichtete Schloss ist hier an der Küste das einzige seiner Art. Zwischenzeitlich in dänischem Besitz, zogen im 19. Jahrhundert Kreisverwaltung und Amtsgericht in das Schloss. Von der Historie erzählt das Museum mit Dachgalerie, sehenswert sind aber auch das Poppenspäler-Museum und vor allem der im Frühling von Krokussen übersäte Schlosspark.

König-Friedrich V-Allee, 25813 Husum
04841 2545
museumsverbund-nordfriesland.de

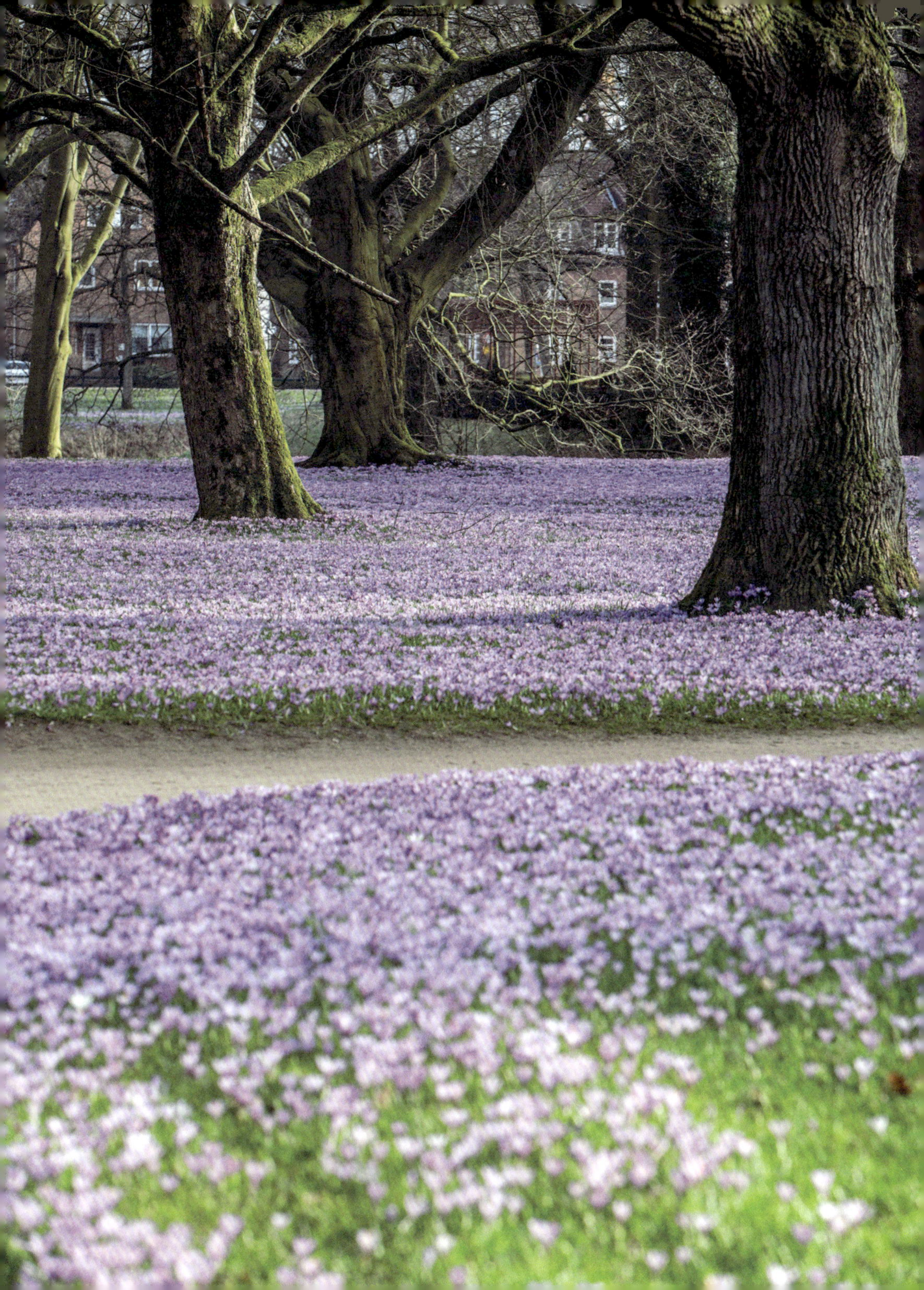

ANTIQUITÄTEN
ANTIQUITÄTENLADEN HORST MARQUARDSEN
STRASSENFLOHMARKT

Fährt man mit dem Auto nach Dagebüll (und von dort aus mit dem Schiff weiter auf die Nordseeinseln) sollte man in Breklum auf der Husumer Straße einen Halt machen. Links befindet sich der Antiquitätenladen von Horst Marquardsen und rechts, genau gegenüber, findet von April bis September immer am Wochenende ein Straßenflohmarkt statt. Schätze kann man auf beiden Seiten der Straße finden. Links wird man bestens beraten und rechts findet man vielleicht kleine Kostbarkeiten aus Entrümpelungen für kleines Geld.

Husumer Straße 8, 25821 Breklum
04671 3555

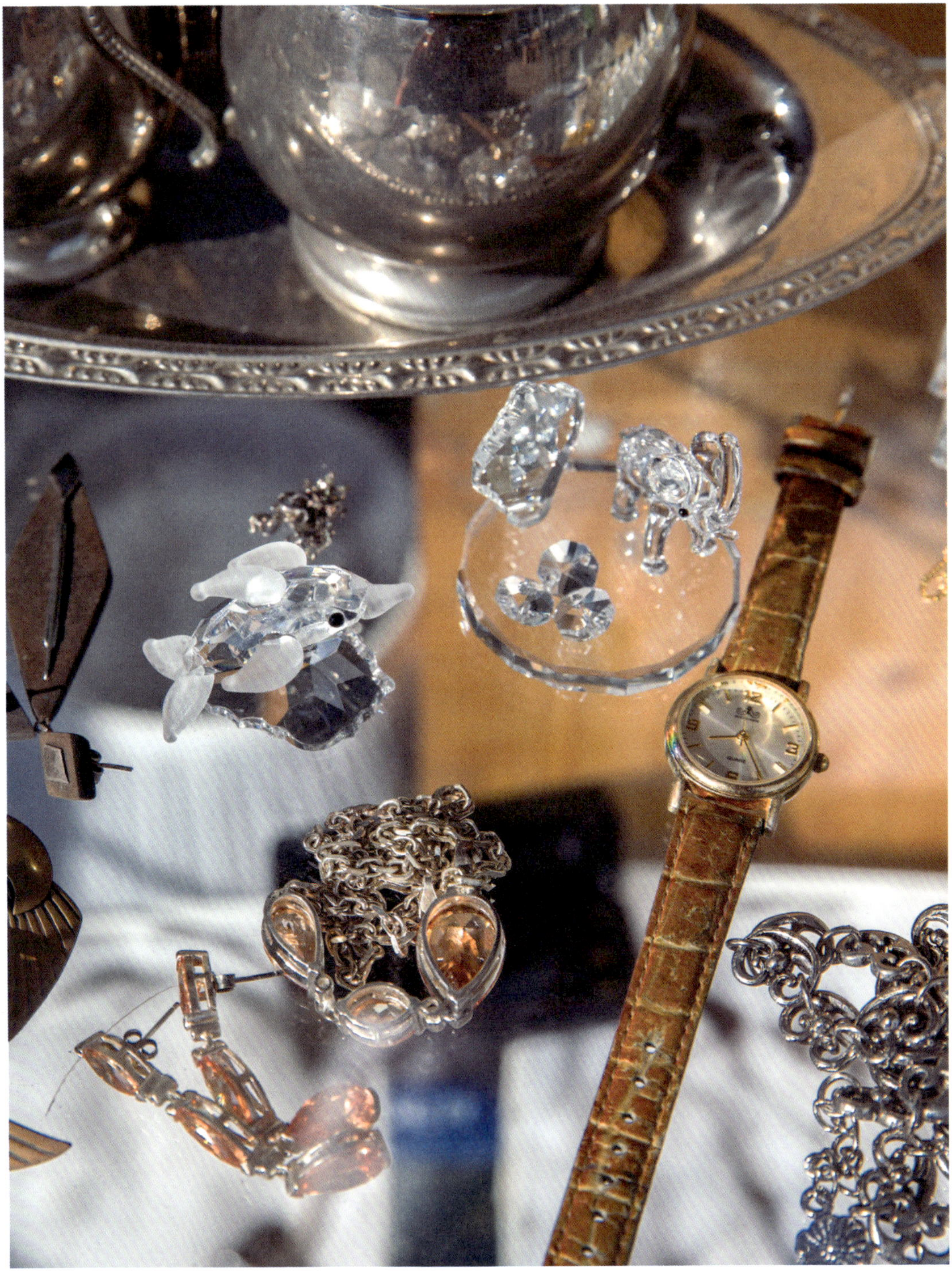

HALLIG-KROG
RESTAURANT

Mit dem Wort Idylle wird oft verschwenderisch umgegangen, doch hier kommt einem dieses Wort sofort in den Sinn. Auf der äußersten Spitze der Hamburger Hallig steht das „Hallig-Krog" mit einem der schönsten Panorama-Blicke auf das Wattenmeer. Ringsherum nur Himmel, Meer und Weite. Im Restaurant kommen landestypische Spezialitäten auf den Tisch, anders und innovativ interpretiert. Von Mai bis September starten hier anderthalbstündige, geführte Rundgänge durch die Hamburger Hallig.

Hamburger Hallig, 25821 Reußenköge
04671 942788
hallig-krog.de

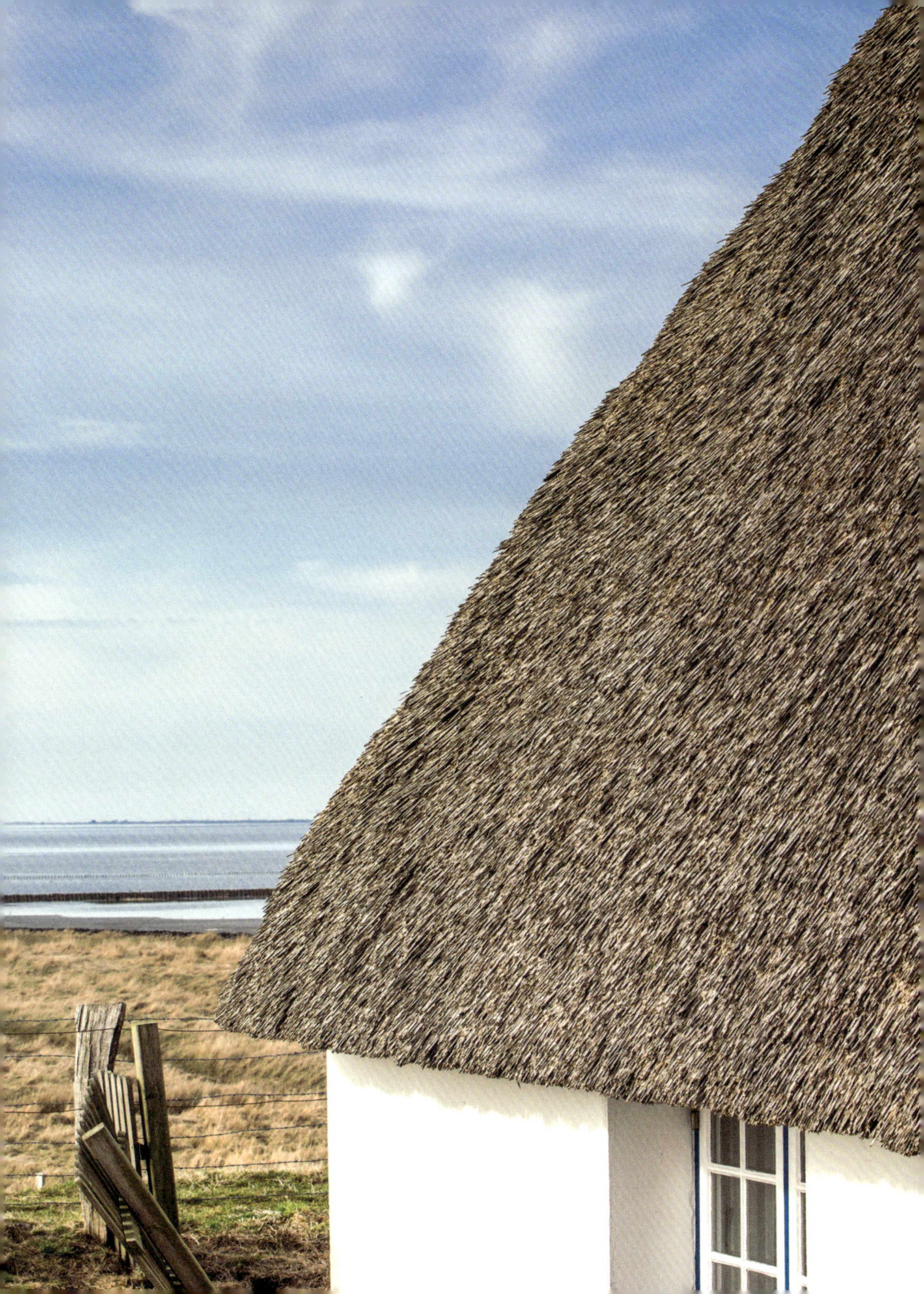

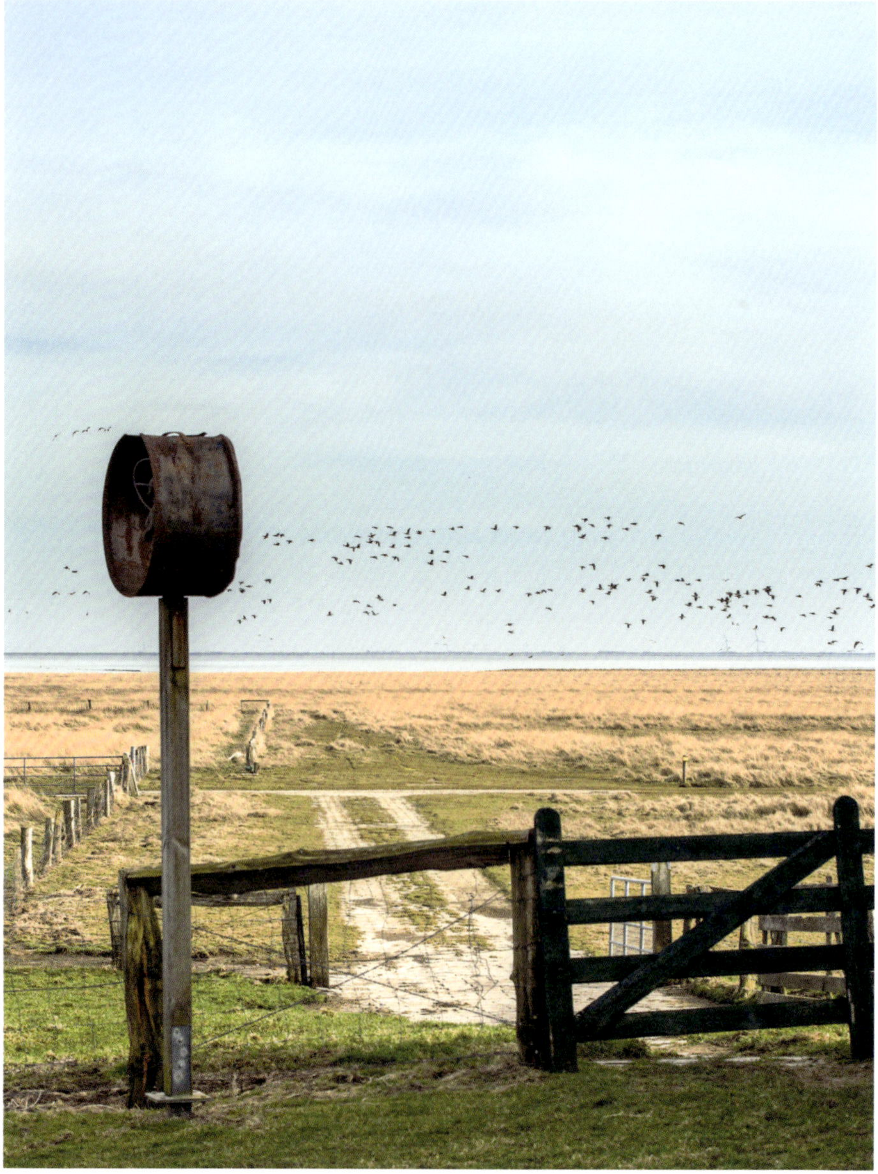

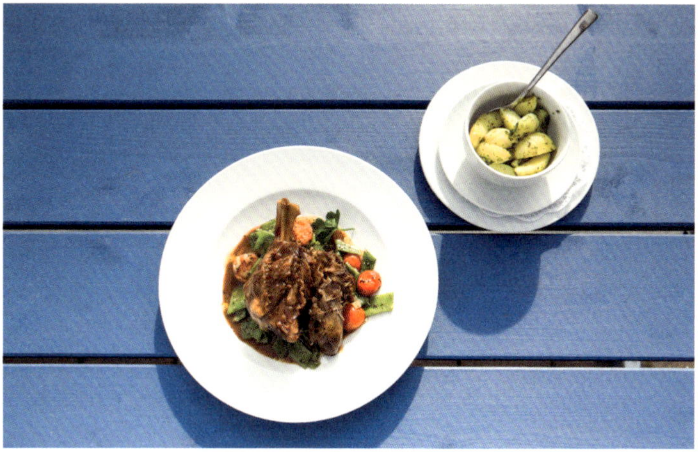

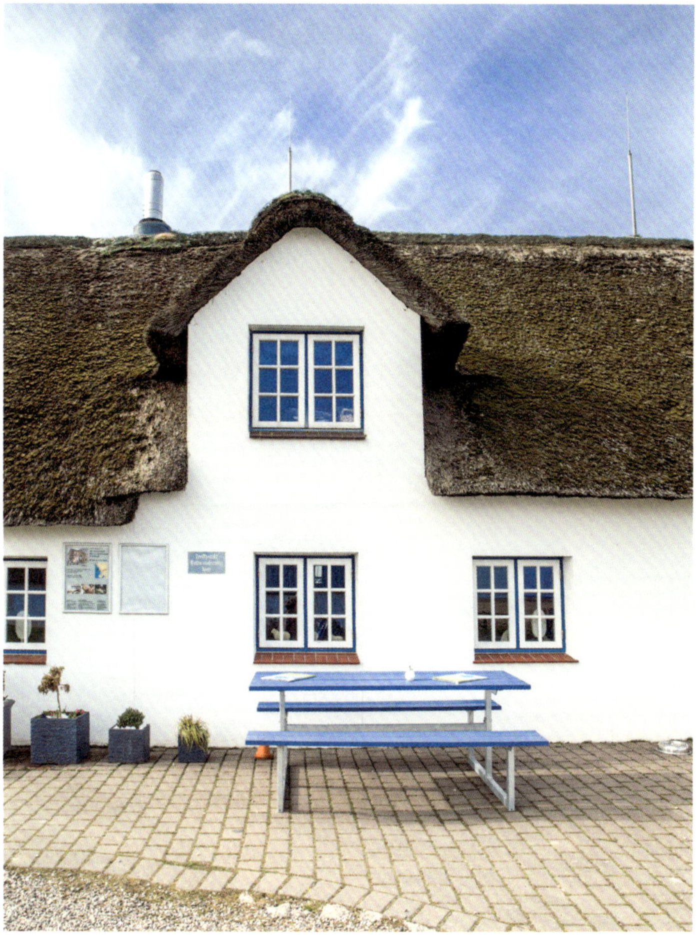

HARMSCHOOL
FERIENWOHNUNG

Große Familien oder viele Freunde finden hier ein Idyll: Die kleine Dorfschule „Harmschool" wurde 1895 neben der „Lüttschool" als Erweiterung gebaut. Heute bietet sie als 165 Quadratmeter großes Ferienhaus mit hohen Fenstern Schlafmöglichkeiten für acht Personen. An dem langen Esstisch in der großen Wohnhalle mit einer Deckenhöhe von sieben Metern kann man ausgiebig klönen. Ein großes Wohnzimmer mit Kamin aus den 1920er-Jahren, drei Bäder und eine Sauna gehörten sicher nicht zur Grundausstattung der Schule, für ein Ferienhaus auf einem 1.100 Quadratmeter großen Naturgrundstück am Wald ist es ein Traum.

Marktstraat 17, 25842 Langenhorn
040 60950043
harmschool.de

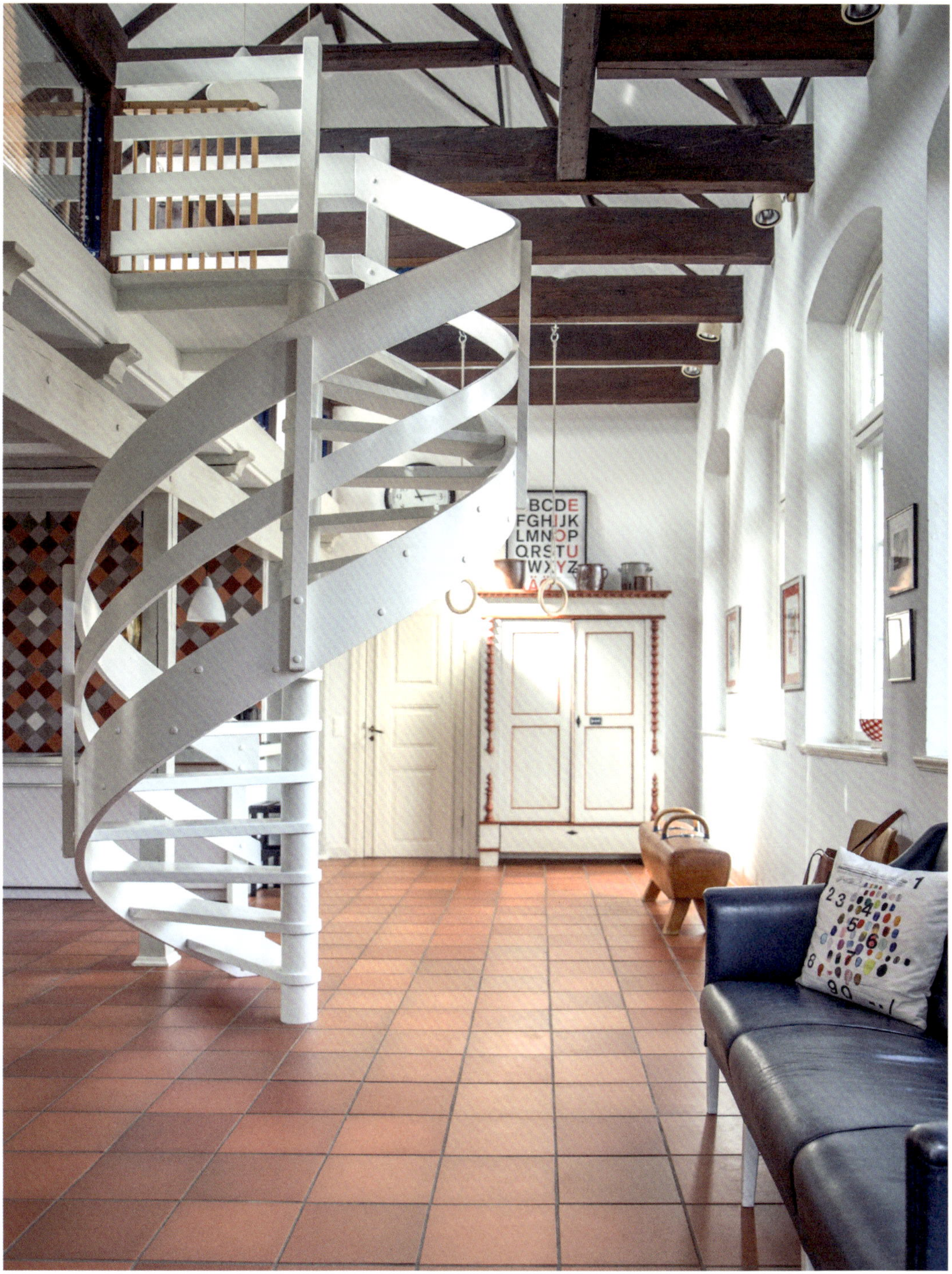
BCDE
FGHIJK
LMNOP
QRSTU
WXYZ

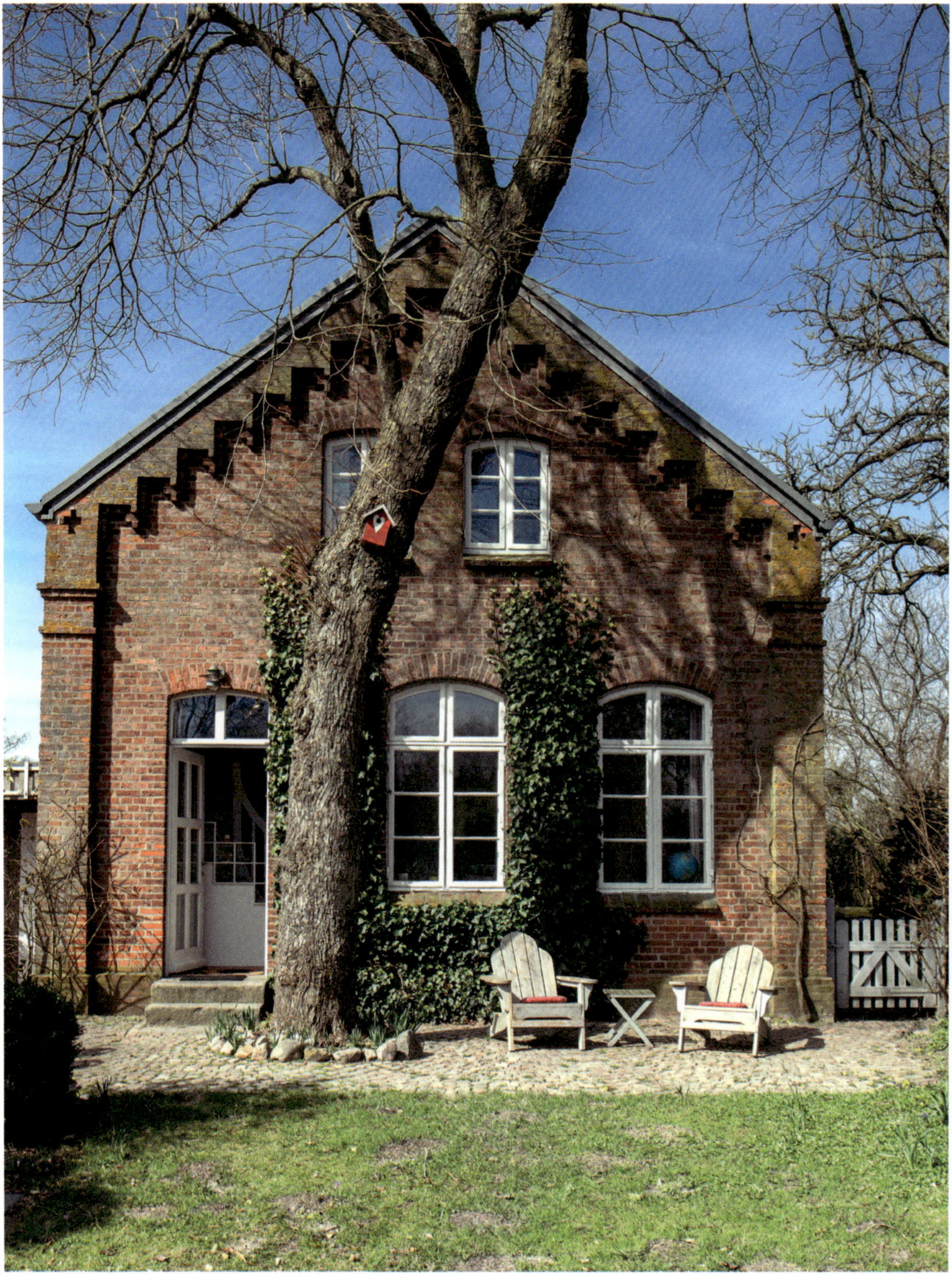

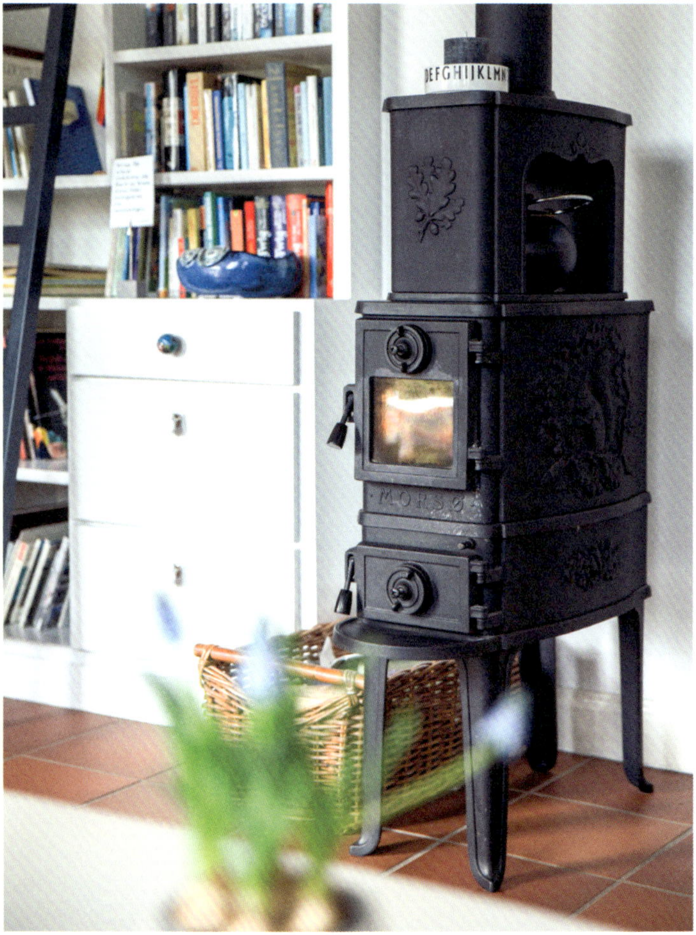
DEFGHIJKLMN
MORSØ

LEUCHTTURMHOTEL DAGEBÜLL
HOTEL

Ein ganzes Hotel für sich allein, am wohl besten Standort der Gegend: Der Dagebüller Leuchtturm bietet Platz für zwei Personen, die sich eine oder mehrere Nächte wie Leuchtturmwärter fühlen dürfen. Vom Komfort der einzigartigen Unterkunft dürfte der frühere Bewohner – von 1929 bis 1988 wurde der rechteckige Turm als Leuchtfeuer benutzt – nur geträumt haben. Heute zählt der 15,2 Meter hohe Backsteinturm fünf Ebenen: Whirlpool und Sanitärbereich, Schlafebene, oben mit bestem Blick die Sitzebene sowie zwei Zwischenebenen. Ein Frühstückskörbchen wird morgens vor die Leuchtturmtür gestellt.

Leuchtturm Dagebüll, 25899 Dagebüll
030 92212966
leuchtturm-dagebuell.de

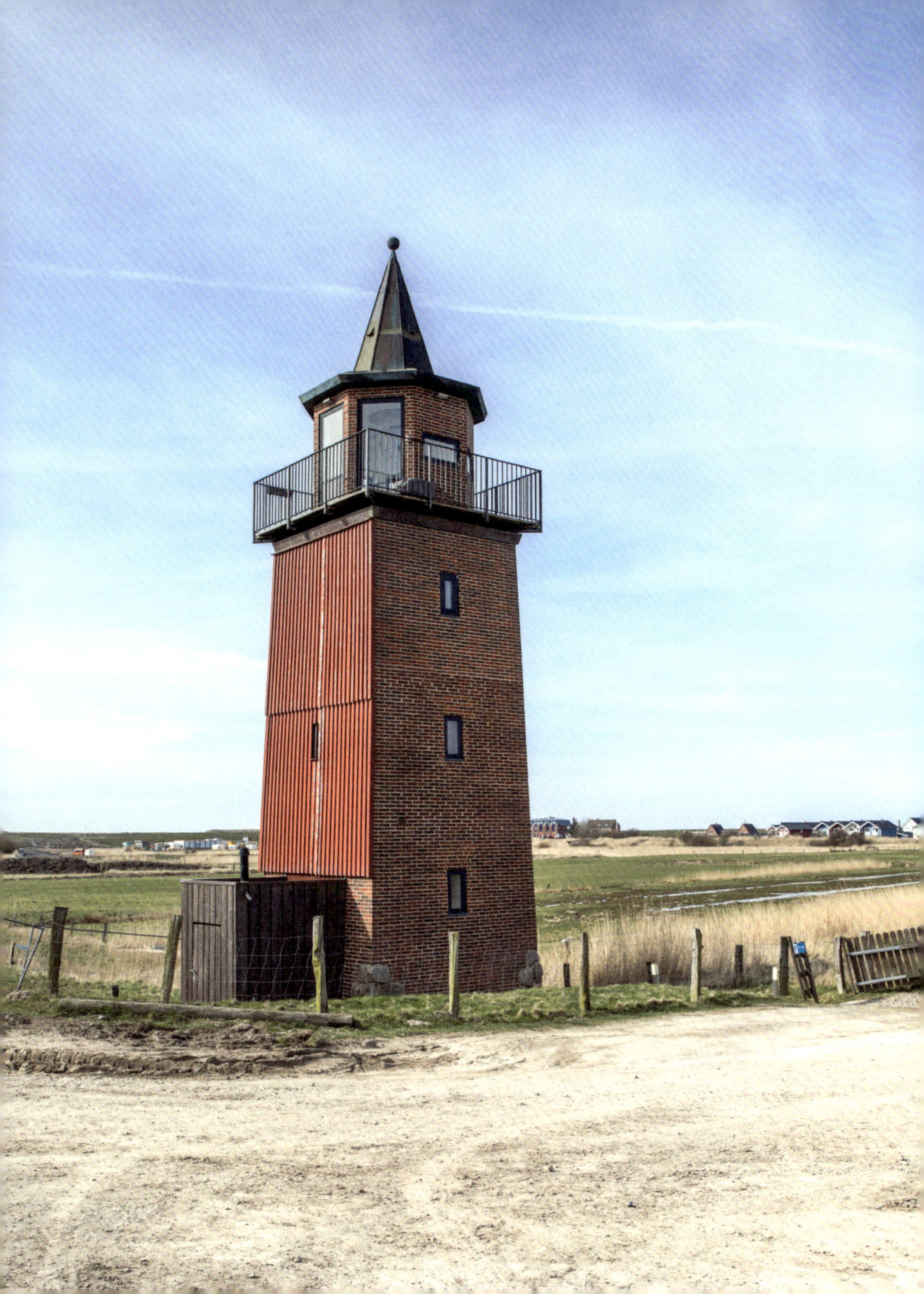

HILLIGENBOHL
FERIENWOHNUNG

Weite Felder, himmlische Ruhe – auf einem riesengroßen Grundstück steht der Hof „Hilligenbohl" mit seinen drei Ferienwohnungen. Liebevoll mit alten Materialien ausgestattet, besitzt das Haus einen typisch friesischen Charakter: Paneele, alte holländische Ziegelböden, Balkendecken und Sprossenfenster. Die Warft mit großem alten Obstgarten, einer Außensauna und einem Teich mit Fischen und Krebsen ist umgeben von Feldern und Wiesen. Für Kinder gibt es einen Sandkasten und eine riesige Schiffsschaukel.

Norderster Weg 7, 25899 Kleiseerkoog
04661 2848
hilligenbohl.de

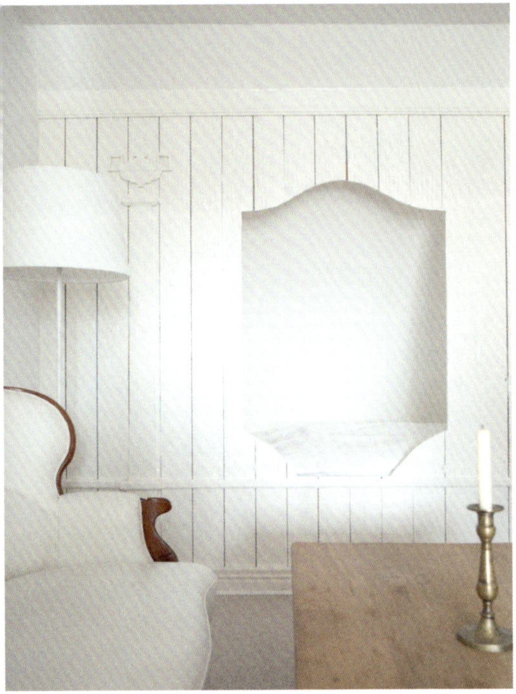

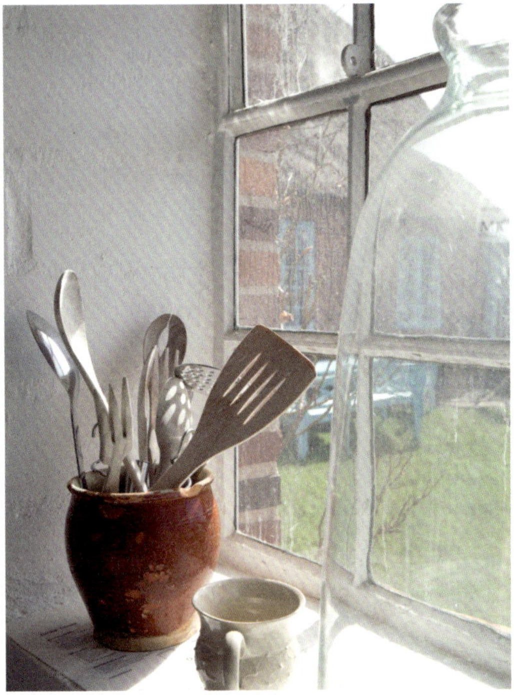

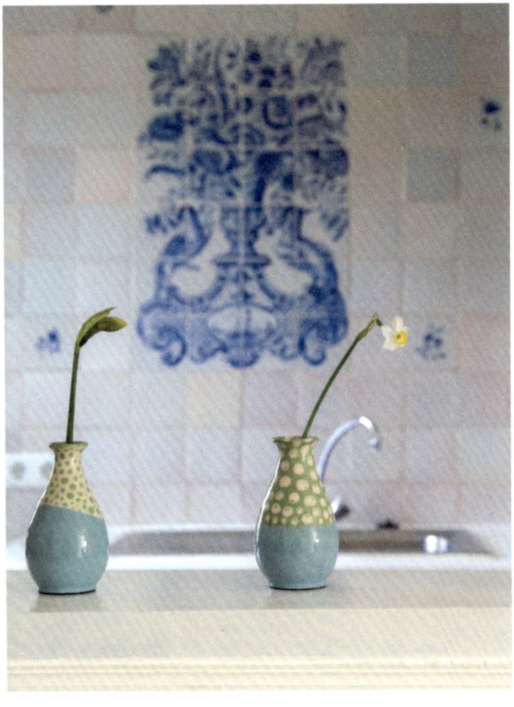

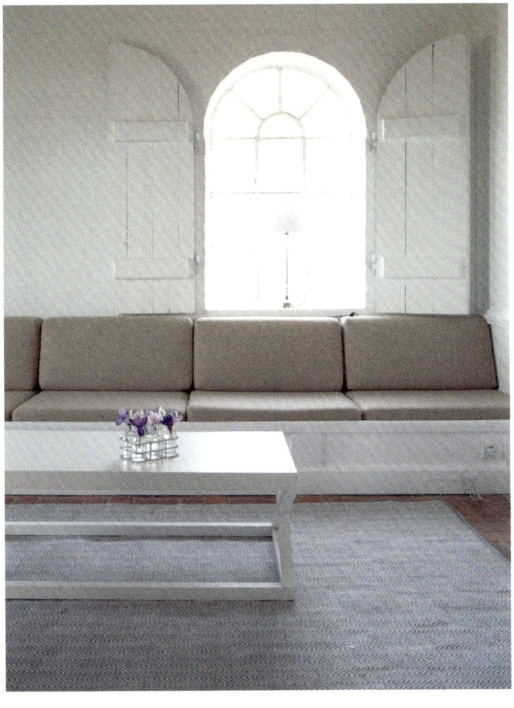

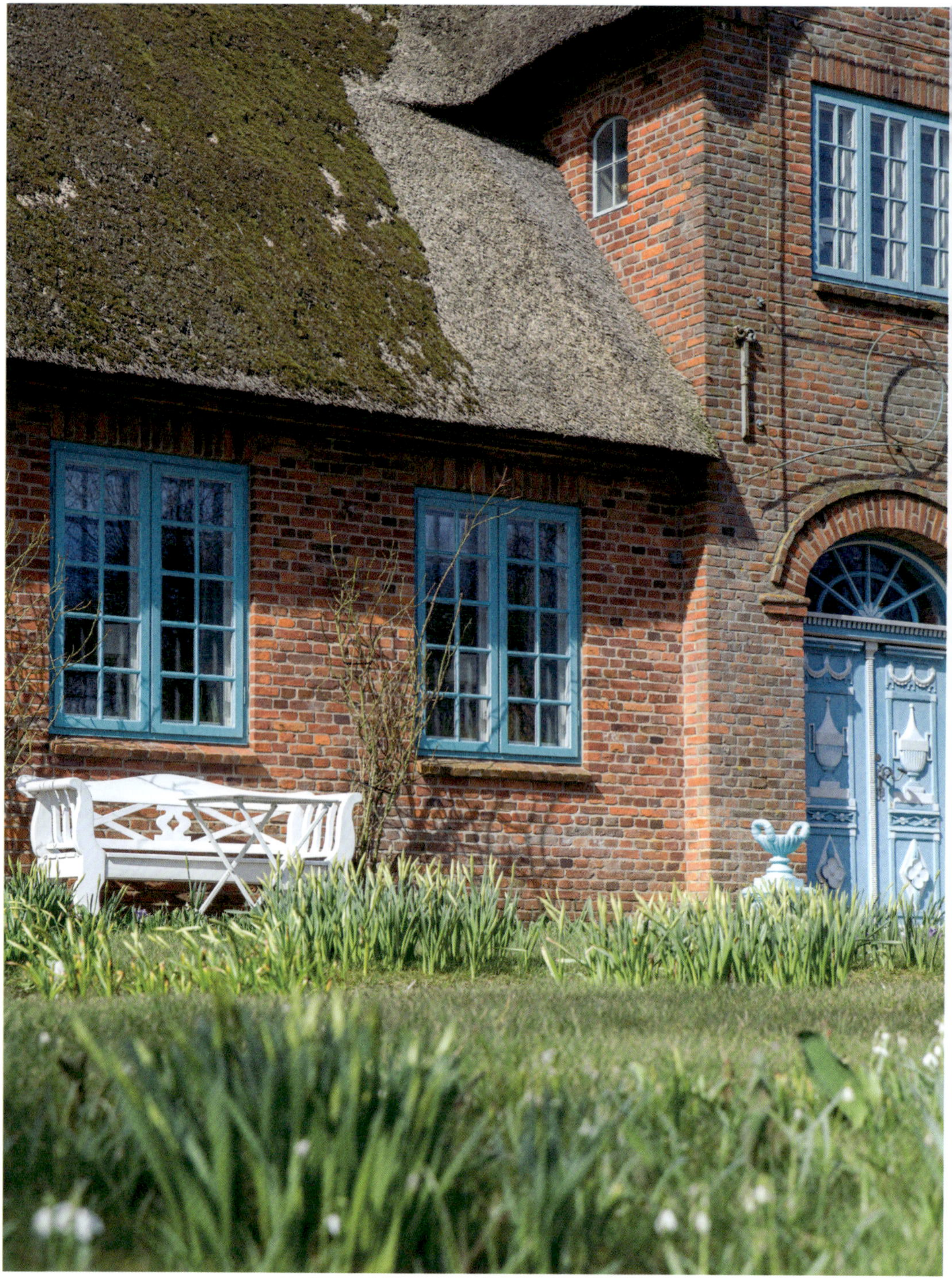

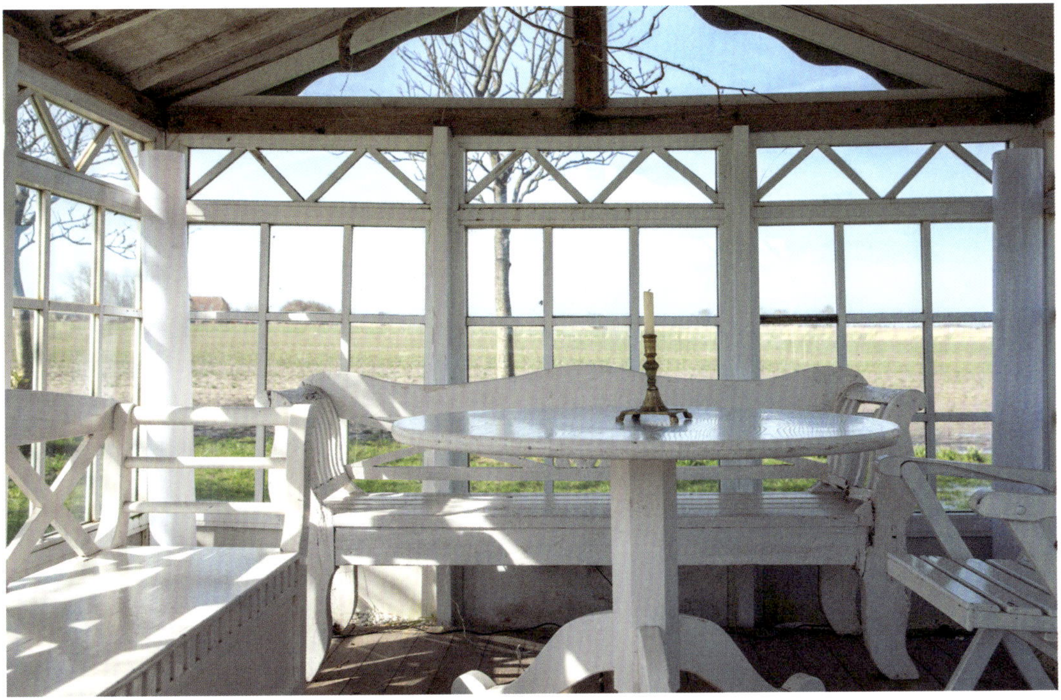

VITAE

ELISABETH FRENZ
ist Fotojournalistin und hat 2009 mit Michael Hopp die Content-Marketing-Agentur „Hopp und Frenz" gegründet, die sie als Geschäftsführerin leitet. Privat fährt sie schon seit vielen Jahren mit ihrer Familie an die Nordseeküste und findet, es ist nun an der Zeit, diese Begeisterung mit anderen zu teilen.

YVONNE SCHMEDEMANN
begann ihre Karriere als Fotografin 2009 und fokussiert in ihrer Arbeit auf Porträt- und Reportagefotografie, die in zahlreichen Magazinen und Kampagnen erscheint. Ihre Fotos zeigen den Charakter einer Person oder eines Ortes auf eine leise und sehr besondere Art.

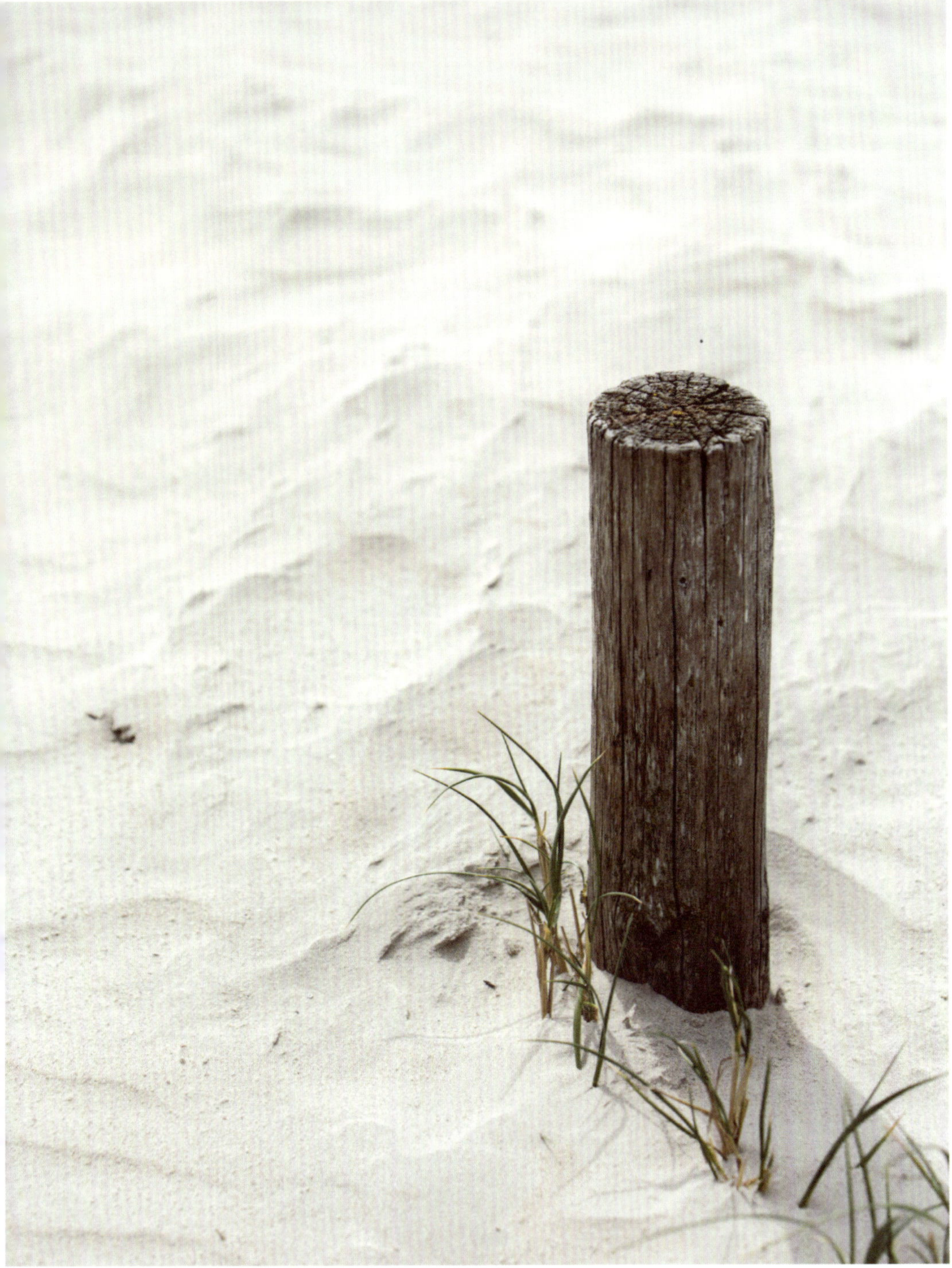

IMPRESSUM

HERAUSGEBER
Elisabeth Frenz
Hopp und Frenz Verlag
Inhaber Michael Hopp
Fettstraße 19a
20357 Hamburg

KONZEPT & IDEE
Elisabeth Frenz

FOTOGRAFIE
Yvonne Schmedemann
yvonneschmedemann.com

ART DIREKTION
Andreas Teichmann

TEXT
Eva Book
Isabell Spilker
Sabrina Waffenschmidt

1. Auflage Mai 2018
Druck und Bindearbeit Optimal Media GmbH, Hamburg
Schlussredaktion BHL Medienprojekte, bhl-medienprojekte.de
© Hopp und Frenz Verlag, Inh. Michael Hopp, Hamburg 2018

Die Inhalte dieses Buches sind geistiges Eigentum des Hopp und Frenz Verlags und unterliegen den geltenden Urhebergesetzen. Die unautorisierte Nutzung oder Vervielfältigung sowie jede Weitergabe an Dritte ist nicht gestattet.

ISBN: 978-3-9819748-0-5

www.wochenender-buch.de
www.hoppundfrenz.de